Je fais de la pâtisserie

Fiona Patchett
Maquette : Nancy Leschnikoff
Photographie : Howard Allman
Illustrations : Molly Sage et Adam Larkum
Recettes et stylisme culinaire : Catherine Atkinson

Pour l'édition française :
Traduction : Véronique Dreyfus
Rédaction : Renée Chaspoul et Helen Thawley

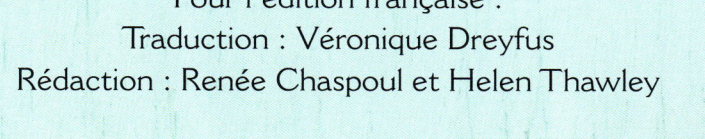

Sommaire

4 Préparatifs

Biscuits et autres délices

6   Fleurs aux épices
8   Sablés écossais à l'orange
10 Cookies au chocolat et aux cerises
12 Biscuits à la crème au citron vert
14 Biscuits viennois
16 Biscuits à la confiture
18 Biscuits spirales au citron
20 Macarons à la crème au beurre
22 Cookies aux cacahuètes
24 Cœurs au chocolat fourrés
26 Biscuits nappés de citron
28 Florentins au chocolat
30 Flapjacks à la pomme
32 Meringues spiralées

Gâteaux

34 Gâteau fourré à la confiture
36 Petits gâteaux
38 Gâteaux aux deux citrons
40 Petits mokas papillons
42 Délices à la menthe et au chocolat
44 Muffins aux fruits rouges
46 Muffins banane-caramel
48 Brownies au chocolat fondant
50 Gâteau aux fraises
52 Gâteau au citron
54 Fondant au chocolat noir
56 Gâteau aux carottes
58 Bûche au chocolat
60 Cake aux fruits exotiques
62 Gâteau au chocolat et à l'orange
64 Gâteau framboises-amandes
66 Croustillant aux cerises
68 Gâteau au citron et à la ricotta
70 Cheesecake aux myrtilles

Astuces de décoration

72 Idées de décoration

74 Crèmes et garnitures

Pâtes et tartes

76 La pâte brisée sucrée

78 Tarte aux poires à la frangipane

80 Tartelettes aux fraises

82 Tarte chocolat-framboises

84 Paniers croquants aux pommes

86 Tartelettes aux prunes

Pain et autres

88 Profiteroles au chocolat

90 Scones aux fruits

92 Petits pains à la cannelle

94 Techniques de pâtissier

96 Index

Préparatifs

Ce livre d'appétissantes recettes est idéal pour les pâtissiers débutants. Les recettes sont expliquées dans un langage simple dénué de jargon déroutant. Au fil des pages, des chefs proposent leurs petites astuces. Aux pages 94 et 95, tu trouveras diverses techniques de pâtissier. Consulte-les, ainsi que ces deux pages d'instructions, puis à tes ustensiles !

Toujours laver les fruits avant de s'en servir.

Peser et mesurer

Avant de commencer, lis l'ensemble de la recette et vérifie que tu disposes de tous les ingrédients et de tous les ustensiles. Si la liste comprend du beurre ramolli, sors-le du réfrigérateur 30 minutes à l'avance. Il sera plus facile à incorporer à ta préparation.

Lorsque tu fais de la pâtisserie, il est important de mesurer les doses avec précision et de ne rien oublier, sinon tu risques d'avoir de drôles de surprises ! Pèse les ingrédients secs sur une balance de cuisine et mesure les liquides avec un verre doseur. Dans la liste des ingrédients, cuillerée est parfois indiqué « c. ».

La propreté

La propreté est indispensable lorsque l'on cuisine. Ingrédients et ustensiles doivent être rangés au fur et à mesure ; un produit renversé doit être nettoyé sans attendre. Et il faut toujours se laver les mains avant de commencer.

Pour mesurer des cuillerées, le plus simple est d'utiliser des cuillères doseuses.

La cuillerée doit être rase.

Moules et plaques à pâtisserie

Si tu fais un gâteau, choisis un moule ou un plat de la taille et de la forme indiquées dans la recette. Sinon, il risque de ne pas être adapté à tes quantités. Le moule doit généralement être graissé ou bien recouvert de papier sulfurisé pour que le gâteau n'attache pas. Il en va de même pour les plaques à pâtisserie.

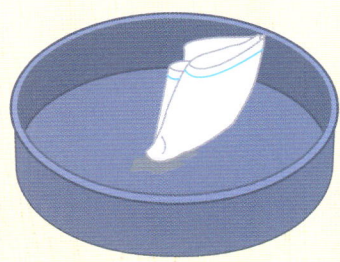

1. Pour graisser un moule à gâteau, imbibe un papier absorbant d'huile, ou bien de beurre fondu, et frottes-en tout l'intérieur du moule.

Découpe un cercle légèrement à l'intérieur du tracé.

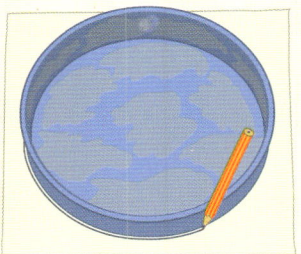

2. Pour tapisser ton moule, pose-le sur une feuille de papier sulfurisé et traces-en le contour. Découpe la forme et dispose-la au fond du moule.

Temps de cuisson

Si tu possèdes un four à chaleur tournante, consulte le manuel d'utilisation car tu devras sans doute diminuer le temps ou la température (normalement de 20°). Évite d'ouvrir la porte du four, sauf si la recette le nécessite ou s'il y a une odeur de brûlé.

Quelle hauteur ?

Enfourne toujours les plats sur la grille du milieu, à moins que la recette ne t'indique une autre hauteur. Si tu utilises deux grilles en même temps, laisse le gâteau du haut cuire le temps indiqué, puis monte celui du bas pour finir la cuisson.

Conservation

Une fois que tes pâtisseries, gâteaux, biscuits ou pains sont refroidis, range-les dans une boîte hermétique ou mets-les au congélateur. Les pâtisseries contenant de la crème fraîche doivent être consommées tout de suite ou conservées au frais.

Fleurs aux épices

Pour obtenir ces très jolies fleurs aux épices, il suffit d'un glaçage de différentes couleurs. Si tu aimes le gingembre, ajoutes-en à la place de la cannelle.

Ingrédients :

Pour 25 biscuits :

350 g de farine
1½ cuillerée à café de gingembre moulu
½ cuillerée à café de cannelle en poudre
1 cuillerée à café de bicarbonate de soude
100 g de beurre ou margarine froids
175 g de sucre roux
1 œuf moyen
3 cuillerées à soupe de miel liquide
glaçage en tube (ou avec poche à douille)

un emporte-pièce en forme de fleur

L'astuce du chef

Lorsque tu mesures le miel, huile légèrement la cuillère doseuse avec un papier absorbant. Ainsi, il s'écoulera plus facilement de la cuillère.

1. Préchauffe le four à 180 °C, thermostat 4. Graisse deux plaques à pâtisserie avec du papier absorbant imbibé d'huile. Passe la farine au tamis au-dessus d'un saladier.

2. Passe aussi gingembre, cannelle et bicarbonate de soude au tamis dans le saladier. Ajoute le beurre ou la margarine coupés en morceaux et roule-les dans la farine.

3. Écrase les morceaux de beurre ou de margarine dans la farine avec le bout des doigts jusqu'à obtenir une consistance de chapelure. Puis ajoute le sucre et mélange.

4. Casse l'œuf dans un petit bol et bats-le à la fourchette. Puis ajoutes-y le miel, toujours en battant. Verse ce mélange dans la farine et mélange le tout.

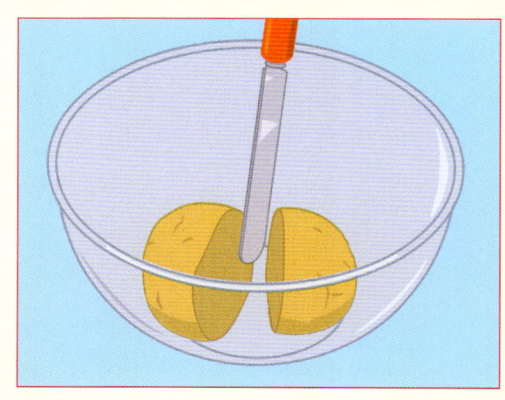

5. Tiens le saladier d'une main et forme une boule de pâte de l'autre. Elle doit être lisse. Coupe ensuite la pâte en deux avec un couteau arrondi.

6. Farine un plan de travail propre et pose une moitié de pâte dessus. Puis étale la pâte avec un rouleau à pâtisserie : tu dois obtenir une épaisseur de 5 mm.

 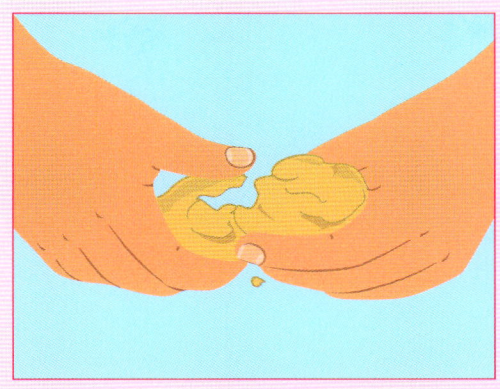 

7. Découpe plusieurs fleurs dans la pâte à l'aide de l'emporte-pièce. Dispose ensuite les biscuits sur les plaques à pâtisserie en te servant d'une spatule.

8. Étale l'autre moitié de pâte et découpe d'autres fleurs. Forme une boule avec les restes de pâte, étale-la aussi et découpe d'autres biscuits en forme de fleur.

9. Enfourne les biscuits et fais-les cuire 12 à 15 mn, jusqu'à ce qu'ils soient dorés. Puis sors-les avec précaution et laisse-les tiédir 5 mn sur les plaques.

10. Transfère les biscuits sur une grille à l'aide de la spatule. Laisse-les refroidir, puis décore-les avec un glaçage en tube ou fait maison (voir page 72).

Sablés écossais à l'orange

Ces délicieux biscuits écossais traditionnels sont confectionnés avec du beurre écrasé dans la farine avec le bout des doigts. Le zeste d'orange ajoute un goût original à la recette, mais peut se remplacer également par du zeste de citron jaune ou vert.

Ingrédients :

Pour 14 biscuits :

150 g de farine
25 g de semoule ou de farine de riz
100 g de beurre froid
1 petite orange
50 g de sucre

un emporte-pièce en forme d'étoile de 7,5 cm

1. Préchauffe le four à 170 °C, thermostat 3. Huile deux plaques à pâtisserie à l'aide de papier absorbant. Tamise la farine au-dessus d'un saladier.

2. Verse la semoule ou la farine de riz dans un tamis au-dessus du saladier. Coupe le beurre en morceaux et roule-les dans la farine avec une cuillère en bois.

3. Écrase le beurre avec le bout des doigts. Travaille le mélange en le soulevant et le laissant retomber en pluie dans le saladier jusqu'à obtenir une consistance friable.

4. Râpe la peau de l'orange dans une petite assiette avec les trous moyens d'une râpe. Puis verse le zeste ainsi que le sucre dans la préparation du saladier.

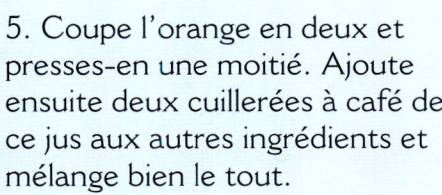

5. Coupe l'orange en deux et presses-en une moitié. Ajoute ensuite deux cuillerées à café de ce jus aux autres ingrédients et mélange bien le tout.

6. Tiens le saladier d'une main et de l'autre, forme une boule ferme avec la pâte. C'est la chaleur de ta main qui permet à la pâte de coller et de prendre forme.

7. Farine un plan de travail propre ainsi qu'un rouleau à pâtisserie. Pose la pâte sur le plan de travail et étale-la sur une épaisseur de 5 mm environ.

8. Avec l'emporte-pièce, découpe des étoiles dans la pâte, que tu disposes sur une plaque à pâtisserie à l'aide d'une spatule. Forme une boule avec les restes de pâte.

L'astuce du chef

Pour représenter des points sur les bords des biscuits, perce des trous avec un cure-dent ou une fourchette. Cela évite la formation de petites bulles à la surface.

9. Étale la boule de pâte restante et découpe d'autres étoiles. Fais cuire les biscuits au four 12 à 15 mn. Laisse-les reposer 2 mn, puis mets-les à refroidir sur une grille.

Cookies au chocolat et aux cerises

Ces cookies sont très faciles à réaliser et pour leur donner leur forme, il suffit de déposer une cuillerée de pâte sur la plaque à pâtisserie.

Le chocolat intense et les cerises légèrement acidulées s'accordent très bien. Cependant tu peux tenter d'autres associations, comme chocolat blanc et noix, ou bien morceaux d'abricots secs et noisettes concassées.

Ingrédients :

Pour 24 cookies :

75 g de beurre ramolli
75 g de sucre
75 g de sucre roux
1 œuf moyen
1 c. à café d'extrait de vanille
175 g de farine
½ c. à café de levure chimique
50 g de cerises séchées
100 g de pépites de chocolat noir ou au lait

1. Préchauffe ton four à 180 °C, thermostat 4. Huile deux plaques à pâtisserie avec du papier absorbant. Mets le beurre et les deux sortes de sucre dans un saladier.

2. Mélange le beurre et le sucre avec une cuillère en bois. La consistance doit être lisse et crémeuse. Casse l'œuf dans un bol et bats-le à la fourchette.

3. Verse l'extrait de vanille sur l'œuf et mélange. Puis ajoute l'œuf battu dans le saladier, petit à petit, tout en mélangeant bien à chaque fois.

4. Passe la farine et la levure chimique au tamis dans le saladier. Mélange le tout pour obtenir une consistance lisse. Coupe les cerises en deux et ajoute-les.

L'astuce du chef

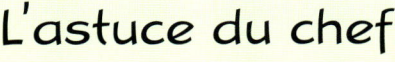

Pour assouplir les cerises séchées, tu peux les faire tremper dans du jus d'orange. Laisse-les une heure environ, puis égoutte-les dans une passoire avant de les utiliser.

Espace bien les cookies sur les plaques à pâtisserie.

5. Incorpore 50 g de pépites de chocolat à la préparation. Puis pose une cuillerée à café bien pleine de pâte sur la plaque pour faire un cookie.

6. Prépare ainsi d'autres cookies avec toute la pâte. Puis aplatis-les avec le dos d'une fourchette et décore-les avec le restant de pépites de chocolat.

7. Fais dorer les cookies 10 mn au four. Laisse-les reposer quelques minutes sur la plaque à pâtisserie. Dispose-les ensuite sur une grille à l'aide d'une spatule.

Biscuits à la crème au citron vert

Ces biscuits s'étalent en de jolis motifs dentelés durant la cuisson. Servis tels quels ils ont un agréable goût d'avoine et de beurre, mais tu peux également les assembler par deux et les fourrer de crème au citron vert à base de mascarpone.

Ingrédients :

Pour 16 biscuits

Pour les biscuits :
75 g de beurre
75 g de flocons d'avoine
100 g de sucre
1 œuf moyen
2 cuillerées à café de farine
1 cuillerée à café de levure chimique

Pour la crème au citron vert :
1 citron vert
250 g de mascarpone
25 g de sucre glace

L'orange ou le citron jaune conviennent aussi bien que le citron vert pour la crème.

Découpe les rectangles un peu à l'intérieur du tracé.

1. Préchauffe le four à 170 °C, thermostat 3. Au crayon, trace le contour de deux plaques à pâtisserie sur du papier sulfurisé. Découpe les formes et pose-les sur les plaques.

2. Mets le beurre dans une casserole. Fais-le fondre à feu doux. Retire la casserole du feu et ajoute les flocons d'avoine. Mélange bien à l'aide d'une cuillère en bois.

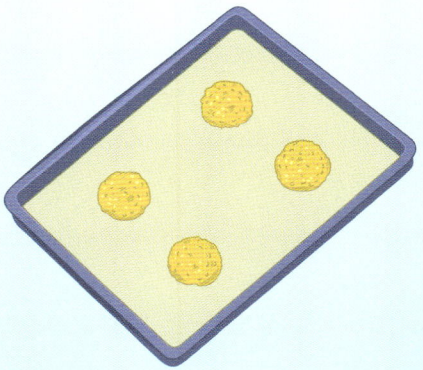

3. Ajoute le sucre dans la casserole et mélange. Laisse ensuite reposer la préparation 2 ou 3 mn, le temps que les flocons d'avoine s'imbibent de beurre.

4. Casse l'œuf dans un petit bol et bats-le à la fourchette. Verse-le dans le mélange d'avoine. Tamise la farine et la levure chimique au-dessus de la casserole et mélange bien.

5. Dépose quatre cuillerées à café bien remplies de préparation sur chaque plaque, en les espaçant. Mets 9 à 10 mn au four, le temps que les biscuits soient bien dorés.

6. Laisse les biscuits tiédir 5 mn sur la plaque. Puis décolle-les délicatement du papier à l'aide d'un couteau arrondi. Laisse-les refroidir sur une grille.

7. Ne retire pas le papier sulfurisé des plaques. Reprends les étapes 5 et 6 pour faire d'autres biscuits. À la fin de la cuisson, laisse refroidir tous les biscuits sur la grille.

8. Pendant que les biscuits refroidissent, prépare la garniture selon les indications de la page 74. Puis étale la crème au citron vert sur le côté plat d'un biscuit.

9. Applique un deuxième biscuit sur la garniture. Assemble tous les biscuits par deux et sers-les assez rapidement, avant que la crème ne les ramollisse.

Biscuits viennois

Ces biscuits sont fourrés de ganache, qui est un mélange de chocolat et de crème fraîche.

Ingrédients :

Pour 24 biscuits (12 paires)

Pour les biscuits :
175 g de beurre ramolli
40 g de sucre glace
1 cuillerée à café d'extrait de vanille
175 g de farine
40 g de maïzena

Pour la ganache :
75 g de pépites de chocolat noir ou au lait
4 cuillerées à soupe de crème fraîche

Le mélange doit être crémeux.

1. Préchauffe le four à 190 °C, thermostat 5. Huile deux plaques à pâtisserie et tapisse-les de papier sulfurisé. Dans un saladier, bats le beurre et le sucre glace tamisé.

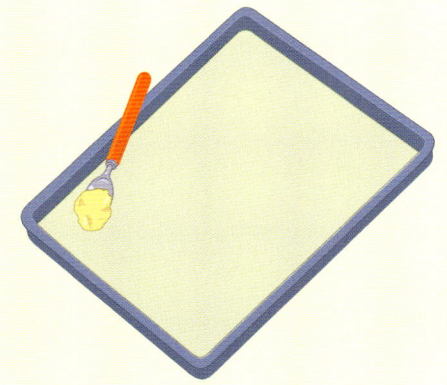

2. Incorpore la vanille, puis tamise farine et maïzena dans le saladier. Mélange. La consistance doit être lisse. Mets une cuillerée à café de préparation sur une plaque.

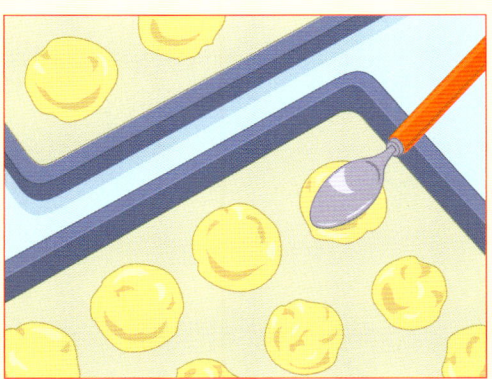

3. Dispose d'autres cuillerées sur les plaques, en les espaçant suffisamment. Aplatis légèrement chaque petit tas de pâte avec le dos d'une cuillère.

Laisse les biscuits refroidir sur la grille.

4. Fais cuire les biscuits au four 12 à 14 mn, jusqu'à ce qu'ils soient légèrement dorés. Laisse reposer 5 mn sur la plaque, puis dispose-les sur une grille à l'aide d'une spatule.

5. Pour faire la ganache, verse les pépites de chocolat dans un saladier résistant à la chaleur et ajoute la crème. Verse ensuite 5 cm d'eau dans une casserole.

6. Porte l'eau à ébullition, puis retire la casserole du feu. Avec précaution, place le saladier dans l'eau chaude. Tourne jusqu'à ce que le chocolat ait fondu.

7. Retire le saladier de l'eau et laisse refroidir la ganache quelques minutes. Mets une heure au frais, en remuant de temps en temps à mesure que le mélange prend.

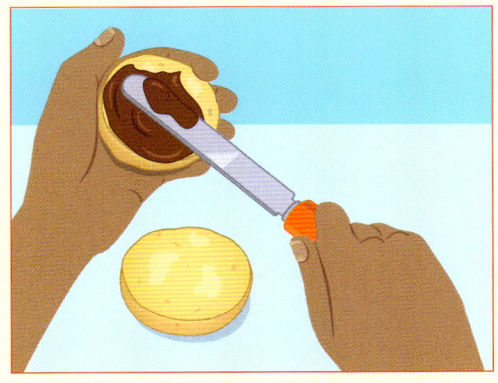

8. Sors la ganache du réfrigérateur quand elle est ferme comme du beurre. Étales-en sur le côté plat d'un biscuit avec un couteau arrondi et couvre avec un autre biscuit.

9. Assemble tous les biscuits deux par deux jusqu'à épuiser la ganache et les biscuits. Sers-les directement, ou conserve-les au réfrigérateur, dans une boîte hermétique.

Biscuits à la confiture

Un petit motif de confiture apparaît sur le dessus de ces biscuits découpés. Tu peux varier les formes et les couleurs en utilisant toutes sortes de confitures et d'emporte-pièces.

Ingrédients :

Pour 10 biscuits :

100 g de beurre ramolli
50 g de sucre
1 orange
1 œuf moyen
2 c. à soupe de poudre d'amandes (facultatif)
200 g de farine
1 c. à soupe de maïzena
8 c. à soupe de confiture de framboises épépinées

un emporte-pièce rond de 5 cm de diamètre et divers petits

1. Préchauffe le four à 180 °C, thermostat 4. Huile deux plaques à pâtisserie. Mets le beurre et le sucre dans un saladier et bats-les jusqu'à obtenir un mélange crémeux.

2. Râpe la peau de l'orange sur les trous moyens d'une râpe. Évite de toucher la partie blanche. Ajoute le zeste à la préparation et mélange de nouveau.

3. Casse l'œuf dans une tasse. Bats-le à la fourchette, puis ajoutes-en un peu à la préparation. Mélange bien avant d'en verser encore un peu et de mélanger de nouveau.

4. Incorpore tout l'œuf battu de la même façon. Ajoute ensuite la poudre d'amandes, si tu choisis d'en mettre. Tamise la farine et la maïzena par-dessus.

5. Pétris le tout avec les mains pour former une pâte. Enveloppe celle-ci dans du film alimentaire et mets-la à refroidir environ 30 mn au réfrigérateur.

6. Farine un plan de travail propre ainsi qu'un rouleau à pâtisserie. Puis étale la pâte avec le rouleau à pâtisserie sur une épaisseur de 3 mm.

7. Découpe plusieurs cercles avec l'emporte-pièce rond. Puis, avec les autres, découpe des motifs au centre de la moitié des cercles. Fais une boule avec les restes de pâte.

8. Étale ces restes et découpe d'autres cercles. Place-les tous sur les deux plaques et fais-les cuire 15 mn. Laisse-les ensuite reposer 2 mn sur leur plaque.

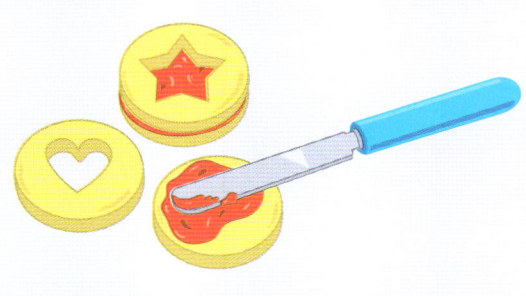

9. Transfère-les sur une grille pour qu'ils refroidissent. Badigeonne de confiture les biscuits entiers, jusqu'au bord. Puis couvre chacun avec un biscuit à motif.

Biscuits spirales au citron

Pour réaliser ces biscuits colorés au citron, il faut enrouler une couche de pâte rose avec une de pâte blanche. Puis tu découpes le rouleau pour obtenir des biscuits avec une spirale.

Ingrédients :

Pour 40 biscuits :

75 g de sucre glace
150 g de beurre ramolli
1 citron
200 g de farine
2 cuillerées à soupe de lait
du colorant alimentaire rose

1. Graisse deux tôles à pâtisserie. Tamise le sucre glace au-dessus d'un saladier. Ajoute le beurre et mélange pour obtenir une consistance lisse et crémeuse.

2. Râpe le citron sur les petits trous de la râpe, puis ajoute ce zeste au mélange. Tamise la farine au-dessus du saladier et mélange. Ajoute aussi le lait.

3. Mets la moitié de la préparation dans un autre saladier. Verse trois gouttes de colorant rose dans un des saladiers. Mélange bien pour obtenir une pâte toute rose.

4. Forme une boule avec chaque moitié de pâte. Puis aplatis-les légèrement et enveloppe-les dans du film alimentaire. Laisse-les refroidir 30 mn au réfrigérateur.

5. Farine un plan de travail propre. À l'aide d'un rouleau à pâtisserie, étale la pâte claire sur 25 x 15 cm et une épaisseur de 5 mm environ.

6. Étale la pâte rose de façon à obtenir les mêmes dimensions. Avec un pinceau, badigeonne la pâte claire d'un peu d'eau, puis pose délicatement la rose par-dessus.

7. Égalise les bords à l'aide d'un couteau pointu. Enroule les deux pâtes assemblées dans le sens de la longueur. Entoure de film alimentaire et laisse 30 mn au frais.

8. Préchauffe le four à 180 °C, thermostat 4. Sors le rouleau du réfrigérateur et découpe-le en tranches de 5 mm. Dispose-les sur les tôles à pâtisserie.

9. Fais cuire les biscuits 12 à 15 mn. Laisse-les reposer 2 mn sur les tôles. Puis dispose-les sur une grille à l'aide d'une spatule pour qu'ils refroidissent.

Macarons à la crème au beurre

Ces macarons, fourrés de crème au beurre, fondent dans la bouche.

Ingrédients :

Pour 36 biscuits (18 paires)

Pour les macarons :
2 œufs moyens
175 g de sucre
125 g de poudre d'amandes
25 g de farine de riz

Pour la crème au beurre :
50 g de beurre ramolli
100 g de sucre glace

des colorants alimentaires rose, jaune et vert

1. Préchauffe le four à 150 °C, thermostat 2. Pose deux tôles à pâtisserie sur du papier sulfurisé et trace le contour au crayon. Coupe puis dispose le papier sur les tôles.

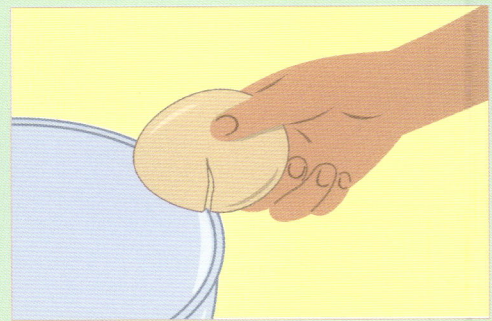

2. Pour séparer le blanc et le jaune d'un œuf, casse-le sur le bord d'un bol, puis verse-le délicatement sur une petite assiette. Couvre ensuite le jaune avec un coquetier.

On n'utilisera pas les jaunes.

3. Tiens le coquetier et incline l'assiette afin de faire glisser le blanc dans le bol. Fais de même avec l'autre œuf, en regroupant les deux blancs dans le même bol.

4. Avec un fouet, bats les blancs en neige bien ferme. Lorsque tu soulèves le fouet, ils doivent former des pointes rigides, comme sur l'illustration.

5. Incorpore le sucre, la poudre d'amandes et la farine de riz dans les blancs en retournant très délicatement le tout à l'aide d'une cuillère en métal.

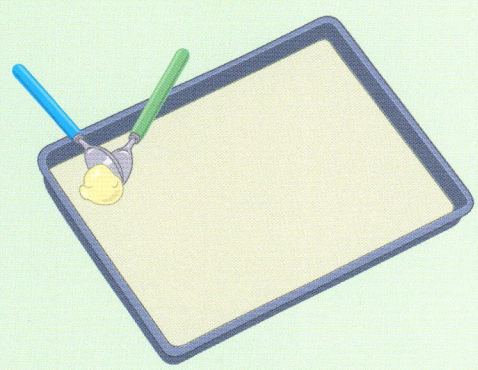

6. Verse une cuillerée à café bien pleine de cette préparation sur une des tôles à pâtisserie. Aide-toi d'une autre cuillère pour la faire tomber plus facilement.

7. Dépose d'autres cuillerées de préparation de la même façon. Veille à les espacer suffisamment sur les tôles. Enfourne-les et fais cuire 20 mn.

8. Lorsque les macarons sont légèrement dorés, sors-les du four avec précaution. Laisse-les reposer 5 mn, avant de les transférer sur une grille.

Mélange avec une cuillère en bois.

9. Prépare la crème au beurre. Bats le beurre dans un bol pour qu'il soit onctueux. Tamise le sucre glace et mélange-le au beurre battu jusqu'à obtenir un mélange mousseux.

10. Répartis la préparation dans trois bols. Ajoute deux gouttes de colorant alimentaire rose dans un bol, deux de jaune dans un autre et deux de vert dans le dernier. Mélange bien.

Étale la crème au beurre avec un couteau à bout arrondi.

11. Étale de la crème au beurre sur le côté plat d'un macaron. Puis applique un autre macaron par-dessus. Assemble tous les macarons avec différentes teintes de crème.

Cookies aux cacahuètes

Ces cookies sucrés et croustillants doivent leur consistance au beurre de cacahuète et au riz soufflé. Utilise du beurre doux, car le beurre de cacahuète est déjà salé.

Ingrédients :

Pour 20 biscuits :

1 œuf moyen
100 g de beurre doux
100 g de sucre roux
100 g de beurre de cacahuète avec des morceaux
150 g de farine à gâteaux (avec levure incorporée)
½ cuillerée à café de levure chimique
50 g de riz soufflé

1. Préchauffe le four à 190 °C, thermostat 5. Graisse deux plaques à pâtisserie. Casse l'œuf dans un petit bol et bats-le vigoureusement à l'aide d'une fourchette.

Utilise une cuillère en bois pour mélanger.

2. Mets le beurre et le sucre dans un saladier. Bats-les jusqu'à obtenir une consistance crémeuse. Ajoute l'œuf petit à petit. Mélange après chaque ajout pour éviter les grumeaux.

3. Incorpore le beurre de cacahuète à la préparation et mélange bien. Puis tamise la farine et la levure chimique au-dessus du saladier et mélange encore le tout.

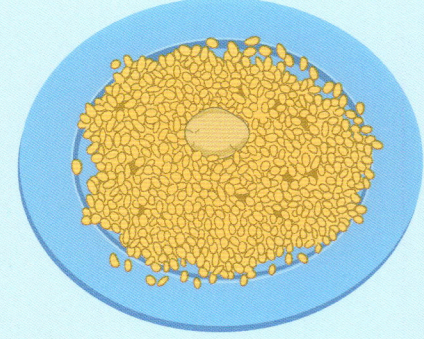

4. Verse le riz soufflé sur une assiette. Recueille une cuillerée bien pleine de ta préparation et forme une boule avec la main. Pose-la sur le riz.

Espace bien les boules.

5. Enrobe la boule de riz soufflé. Aplatis-la légèrement et dispose-la sur une des plaques à pâtisserie. Prépare les autres boules et pose-les sur les plaques.

6. Fais cuire les cookies 20 mn. Laisse-les reposer 5 mn sur les plaques avant de les disposer sur une grille à l'aide d'une spatule. Maintenant, régale-toi !

Ces cookies croustillants au beurre de cacahuète se marient très bien avec un chocolat chaud.

Cœurs au chocolat fourrés

Ces jolis petits cœurs ressemblent à de simples biscuits au chocolat, mais lorsqu'on les croque, on découvre le goût délicieux de la pâte d'amandes.

1. Graisse une plaque à pâtisserie. Tamise farine et cacao en poudre au-dessus d'un grand saladier. Coupe le beurre en morceaux et ajoute-les au reste.

2. Roule le beurre dans le saladier jusqu'à ce que les morceaux soient enrobés de farine. Écrase-les du bout des doigts pour obtenir une pâte friable. Incorpore le sucre.

Ingrédients :

Pour 20 cœurs :

100 g de farine à gâteaux
   (avec levure incorporée)
25 g de cacao en poudre
75 g de beurre froid
50 g de sucre
1 œuf moyen
100 g de pâte d'amandes
1 c. à café de sucre glace
½ c. à café de cacao en poudre

deux emporte-pièces, moyen
   et petit, en forme de cœur

On n'utilise pas le blanc dans cette recette.

3. Casse l'œuf sur une assiette. Pose un coquetier sur le jaune et verse le blanc dans un bol en inclinant l'assiette. Ajoute le jaune à la préparation.

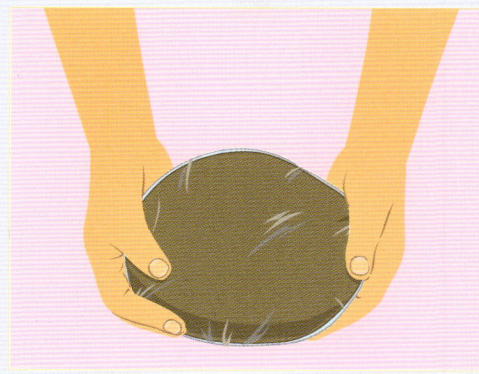

4. Malaxe jusqu'à former une pâte puis, avec les mains, forme une boule. Enveloppe-la dans du film alimentaire et mets-la 30 mn au réfrigérateur.

L'astuce du chef

Ne jette pas les blancs d'œufs. Utilise-les pour une autre recette, celle des meringues, page 32, par exemple, ou encore celle des macarons à la crème, page 20.

5. Saupoudre un plan de travail propre et un rouleau à pâtisserie de sucre glace. Étale la pâte d'amandes sur 3 mm d'épaisseur. Découpe des cœurs avec le petit emporte-pièce.

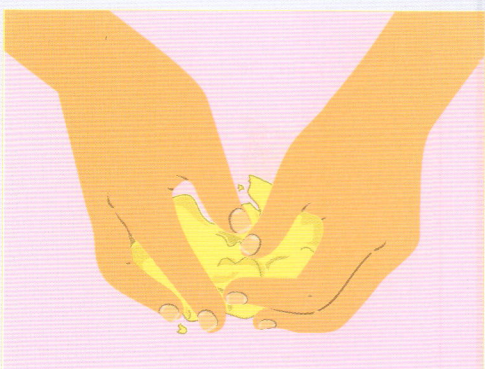

6. Forme une boule avec les restes de pâte d'amandes. Étale-la de nouveau et découpe d'autres cœurs, douze au total. Préchauffe le four à 200 °C, thermostat 6.

7. Farine un plan de travail propre ainsi qu'un rouleau à pâtisserie. Étale la pâte au chocolat sur une épaisseur de 3 mm. Découpe 24 cœurs avec l'emporte-pièce moyen.

Tu devras peut-être appuyer fort pour que la pâte ne s'effrite pas.

8. Dispose 12 cœurs au chocolat sur la plaque à pâtisserie. Couvre chaque biscuit d'un cœur en pâte d'amandes puis d'un deuxième au chocolat. Appuie sur les côtés.

9. Fais cuire les biscuits 10 mn. Lorsqu'ils sont prêts, saupoudre légèrement de sucre glace, puis tamise du cacao en poudre par-dessus. Fais refroidir sur une grille.

Biscuits nappés de citron

Ces biscuits au beurre sont craquants et onctueux à la fois. Nappe-les d'un glaçage au citron et décore-les avec un glaçage d'écriture jaune et blanc et des bonbons.

Ingrédients :

Pour 30 biscuits

Pour les biscuits :
1 citron moyen
125 g de farine
50 g de sucre glace
1 œuf moyen
100 g de beurre ramolli

Pour le glaçage au citron :
200 g de sucre glace
3 c. à soupe de jus de citron
du colorant alimentaire jaune
du glaçage en tube jaune et blanc
des bonbons jaunes et blancs

un emporte-pièce rond de 4 cm de diamètre

1. Graisse deux plaques à pâtisserie avec du papier absorbant. Puis râpe la peau du citron au-dessus d'une petite assiette sur les trous moyens d'une râpe.

2. Tamise la farine et le sucre glace au-dessus d'un saladier et incorpore le zeste de citron. Coupe le citron en deux et presse-le au-dessus d'un petit bol.

On n'utilise pas le blanc dans cette recette.

3. Casse l'œuf sur une assiette. Retiens le jaune avec un coquetier et verse le blanc dans un bol en inclinant l'assiette. Ajoute le jaune dans le saladier.

4. Ajoute le beurre et une cuillerée à soupe de jus de citron. Mélange à la cuillère en bois pour obtenir une consistance onctueuse. Forme une boule et aplatis-la légèrement.

5. Couvre la pâte avec du film alimentaire et mets-la 30 mn au réfrigérateur. Pendant ce temps, préchauffe le four à 190 °C, thermostat 5.

6. Farine un plan de travail propre ainsi qu'un rouleau à pâtisserie. Puis sors la pâte du réfrigérateur et étale-la au rouleau sur une épaisseur de 5 mm.

7. Avec l'emporte-pièce, découpe des cercles dans la pâte, puis pose-les sur les plaques à l'aide d'un couteau à bout arrondi. Forme une boule avec les restes de pâte et étale-la.

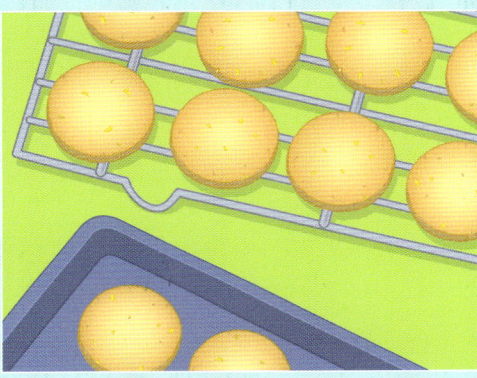

8. Découpe d'autres cercles et dispose-les sur les plaques. Fais ensuite cuire les biscuits au four 8 à 10 mn. Sors-les lorsqu'ils sont légèrement dorés.

9. Laisse reposer les biscuits 5 mn puis transfère-les sur une grille à l'aide d'une spatule. Pour le glaçage au citron, tamise le sucre glace au-dessus d'un petit bol.

10. Ajoute 3 cuillerées à soupe de jus de citron au sucre glace. Verse la moitié de la préparation dans un autre bol et ajoute 2 gouttes de colorant alimentaire jaune. Mélange.

11. Nappe un des biscuits de glaçage à l'aide d'une petite cuillère. Nappe ainsi la moitié des biscuits avec du glaçage jaune et l'autre moitié avec du blanc. Laisse sécher.

12. Décore avec du glaçage en tube blanc et jaune et avec des bonbons. Consulte la page 72 pour apprendre à réaliser des motifs au glaçage sur tes biscuits.

Florentins au chocolat

Fruits et amandes ajoutent une touche originale à ces biscuits. Que tu choisisses des cerises ou des fruits confits de couleurs diverses, le poids total de ces ingrédients doit rester identique.

Ingrédients :

Pour 12 florentins :

8 cerises confites
25 g de beurre
25 g de cassonade
25 g de miel liquide
25 g de farine
40 g de zestes confits
40 g d'amandes effilées
75 g de pépites de chocolat noir

1. Préchauffe le four à 180 °C, thermostat 4. Graisse deux tôles à pâtisserie et couvre-les de papier sulfurisé. Coupe les cerises en quatre sur une planche à découper.

2. Mets le beurre, la cassonade et le miel dans une casserole, que tu fais chauffer à feu doux. Retire-la du feu lorsque les ingrédients commencent à fondre.

Espace bien les biscuits.

3. Ajoute la farine, les cerises, les zestes confits et les amandes. Mélange le tout. Puis répartis la préparation par petites cuillerées sur les tôles à pâtisserie.

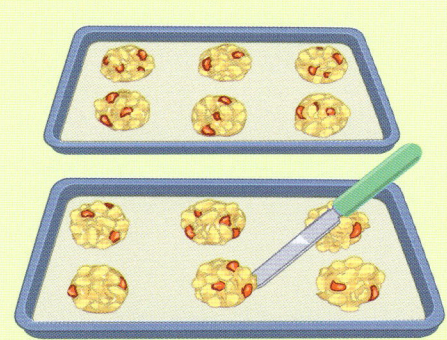

4. Fais cuire les florentins 10 mn au four, jusqu'à ce qu'ils soient bien dorés. Égalise les bords avec un couteau arrondi. Laisse reposer les biscuits 2 mn sur la tôle.

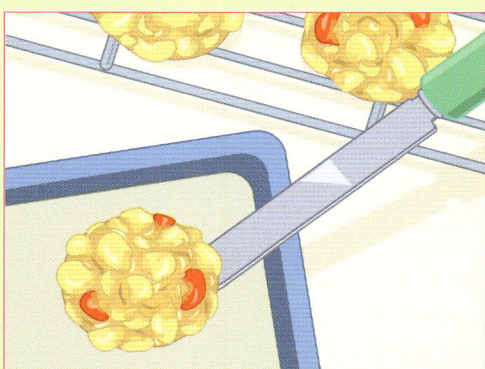

5. Laisse refroidir les florentins sur une grille. Verse ensuite environ 5 cm d'eau dans une casserole. Porte à ébullition, puis retire la casserole du feu.

Utilise des gants de cuisine.

6. Verse les pépites de chocolat dans un bol résistant à la chaleur. Pose-le doucement dans l'eau chaude. Tourne jusqu'à ce que le chocolat ait fondu. Sors de l'eau.

7. Avec une cuillère à café, étale du chocolat fondu sur le côté plat de chaque florentin. Puis dessine des zigzags à la fourchette dans le chocolat.

8. Dispose les florentins sur une feuille de papier sulfurisé, côté chocolat vers le haut. Laisse prendre le chocolat avant de les offrir.

Flapjacks à la pomme

Ces barres de céréales, anglaises, sont faites de pomme, de raisins secs et de cannelle. Il suffit de faire fondre tous les ingrédients ensemble dans une casserole, puis de les mettre au four.

Ingrédients :

Pour 12 barres :

2 pommes vertes
175 g de beurre
175 g de cassonade
2 cuillerées à soupe de miel liquide
½ cuillerée à café de cannelle en poudre
50 g de raisins secs
225 g de flocons d'avoine
2 cuillerées à soupe de graines de tournesol (facultatif)

un moule de 18 x 27 cm

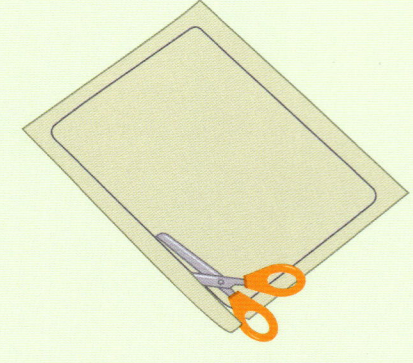

1. Préchauffe le four à 160 °C, thermostat 3. Pose le moule sur du papier sulfurisé et trace le contour au crayon. Découpe le rectangle de papier.

2. Graisse le moule et glisse le papier sulfurisé au fond. Coupe les pommes en quartiers, pèle-les et retire le cœur et les pépins. Coupe en petits morceaux.

Sers-toi d'une cuillère en bois pour mélanger.

3. Fais cuire les morceaux de pommes 10 mn à feu doux dans une casserole avec 25 g de beurre. Mélange de temps à autre, jusqu'à ce que les pommes soient ramollies.

4. Ajoute le restant de beurre, le sucre, le miel, la cannelle et les raisins secs. Fais chauffer doucement jusqu'à ce que le beurre ait fondu. Retire du feu.

L'astuce du chef

À leur sortie du four, les barres doivent être brun doré foncé et molles. Si tu les fais cuire trop longtemps, elles risquent d'être sèches et non pas moelleuses.

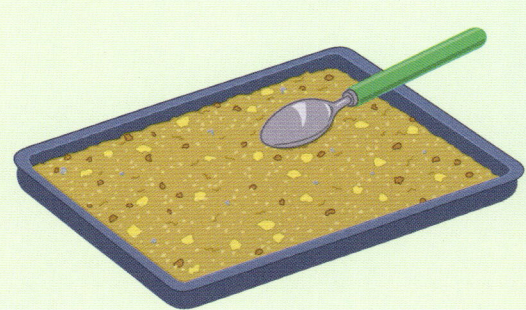

5. Incorpore les flocons d'avoine et les graines de tournesol, le cas échéant. Mélange, verse dans le moule et répartis bien. Lisse le dessus avec le dos d'une cuillère.

6. Enfourne le moule sur la grille du milieu et fais cuire 25 mn. Sors-le du four et laisse tiédir 10 mn. Découpe ensuite la préparation en carrés.

Meringues spiralées

Ces meringues sont croustillantes à l'extérieur et onctueuses au centre. Le filet de chocolat leur donne un aspect marbré.

Ingrédients :

Pour 12 meringues :

50 g de pépites de chocolat noir
2 œufs moyens
100 g de sucre

Découpe la forme légèrement à l'intérieur du tracé.

1. Préchauffe le four à 110 °C, thermostat ½. Pose deux plaques à pâtisserie sur du papier sulfurisé et traces-en le contour. Découpe les formes et place-les sur les plaques.

2. Verse 5 cm d'eau dans une casserole. Porte à ébullition puis retire la casserole du feu. Verse les pépites de chocolat dans un bol résistant à la chaleur.

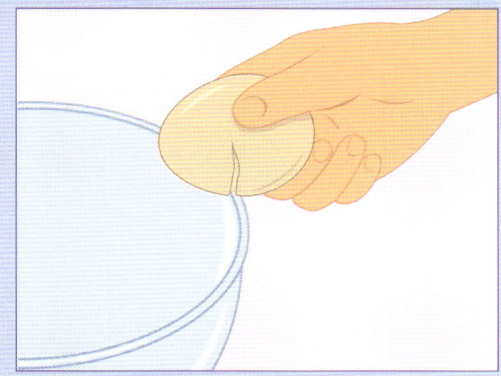

Utilise une cuillère en bois pour tourner le chocolat.

On n'utilise pas les jaunes dans cette recette.

3. Glisse délicatement le bol dans l'eau chaude. Tourne le chocolat jusqu'à ce qu'il ait fondu. Sors le bol et laisse tiédir le chocolat pendant que tu prépares les meringues.

4. Sépare le blanc d'œuf du jaune. Pour cela, casse l'œuf sur le bord d'un saladier et fais-le doucement glisser sur une petite assiette. Couvre le jaune avec un coquetier.

5. Retiens le jaune avec le coquetier et verse le blanc dans le saladier. Fais de même avec l'autre œuf, dont tu verses aussi le blanc dans le saladier.

6. Avec un fouet, bats les blancs en une neige bien ferme. Lorsque tu soulèves le fouet, le blanc doit former des pointes rigides, comme sur l'illustration.

7. Ajoute aux blancs d'œufs une cuillerée à café pleine de sucre. Incorpore avec le fouet. Continue à incorporer tout le sucre, cuillerée par cuillerée.

8. Verse quelques cuillerées à café de chocolat fondu sur la préparation de meringue. Tourne une ou deux fois pour obtenir un aspect marbré.

L'astuce du chef

Laisse les meringues refroidir sur la plaque.

9. Prends une cuillère à dessert de préparation, puis aide-toi d'une petite cuillère pour faire glisser la meringue sur la plaque à pâtisserie.

10. Prépare onze autres meringues et fais-les cuire 40 mn au four. Au bout de ce temps, éteins le four et laisse-les 15 mn à l'intérieur. Mets-les ensuite à refroidir.

Pour que les blancs montés en neige soient plus fermes, ajoute une pincée de sel, juste ce que tu parviens à attraper entre le pouce et l'index.

Gâteau fourré à la confiture

Pour réaliser ce délicieux gâteau, il faut commencer par battre le beurre et le sucre ensemble afin d'obtenir une mousse très légère. Cela permet d'emprisonner une multitude de petites bulles d'air dans la préparation et d'aider le gâteau à monter.

Ingrédients :

Pour 10 personnes

Pour le gâteau :
4 œufs moyens
225 g de beurre ramolli
225 g de sucre
225 g de farine à gâteaux
   (avec levure incorporée)

Pour la garniture :
100 g de beurre ramolli
225 g de sucre glace
1 c. à soupe de lait
½ c. à café d'extrait de vanille
4 c. à soupe de confiture de
   framboises ou de fraises
un peu de sucre pour
   saupoudrer le gâteau

deux moules ronds de 20 cm
   peu profonds

1. Préchauffe le four à 180 °C, thermostat 4. Graisse les moules avec un peu d'huile. Pose l'un d'eux sur du papier sulfurisé et traces-en le contour au crayon.

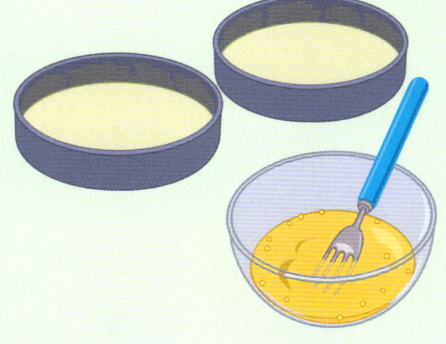

2. Découpe le cercle et fais-en un deuxième. Puis glisse une forme découpée au fond de chaque moule. Casse les œufs dans un petit bol et bats-les à la fourchette.

L'astuce du chef

À l'étape suivante, tu vas ajouter les œufs. Il faut procéder lentement pour éviter les grumeaux. S'il s'en forme tout de même, mets une cuillerée à café de farine.

3. Mets le beurre et le sucre dans un grand saladier et bats-les jusqu'à ce que le mélange forme une mousse pâle. Ajoute les œufs petit à petit, en battant bien après chaque ajout.

4. Tamise la farine dans le saladier et incorpore-la au mélange avec une cuillère en métal. Répartis à parts égales dans les deux moules. Lisse avec le dos de la cuillère.

Le gâteau est cuit s'il reprend sa forme quand tu appuies avec le doigt.

5. Fais cuire les gâteaux 25 mn. Sors-les du four avec des gants de cuisine. Appuie légèrement dessus avec le doigt pour vérifier s'ils sont cuits.

6. Laisse reposer les gâteaux 5 mn. Puis décolle-les de leur moule avec un couteau avant de les retourner sur une grille. Retire doucement le papier sulfurisé.

7. Bats la confiture dans un bol puis nappe un des gâteaux. Prépare la crème au beurre (voir page 75), puis étale-la sur l'autre gâteau, du côté plat.

8. Assemble les deux gâteaux, confiture contre crème au beurre, et appuie doucement dessus. Enfin, saupoudre d'un peu de sucre avec une cuillère.

Petits gâteaux

Ces jolis gâteaux sont vraiment très faciles à réaliser : il suffit de bien mélanger tous les ingrédients. Tu peux les napper d'un glaçage de différentes couleurs et les décorer par exemple avec des fleurs en sucre ou des fruits frais.

Ingrédients :

Pour 12 gâteaux :
90 g de farine à gâteaux (avec levure incorporée)
90 g de sucre
90 g de margarine ramollie
2 œufs moyens
½ c. à café d'extrait de vanille

Pour le glaçage :
175 g de sucre glace
1 ½ c. à soupe d'eau chaude
du colorant alimentaire jaune
des petites fleurs en sucre

un moule à 12 alvéoles peu profondes
des caissettes en papier

1. Préchauffe le four à 190 °C, thermostat 5. Mets une caissette en papier dans chaque creux. Tamise la farine dans un grand saladier, puis ajoute sucre, margarine et vanille.

2. Casse les œufs dans une tasse, puis ajoute-les. Mélange bien le tout avec une cuillère en bois jusqu'à obtenir une préparation lisse et crémeuse.

Remplis les moules en papier à mi-hauteur.

3. Répartis le mélange dans les caissettes en papier à l'aide d'une cuillère à café. Mets les gâteaux au four 15 mn, le temps qu'ils soient fermes et dorés.

4. Retire les gâteaux du four avec des gants de cuisine. Laisse-les quelques minutes dans leur moule. Puis mets-les à refroidir sur une grille.

5. Pour le glaçage blanc, tamise le sucre glace dans un bol et ajoute l'eau chaude. Le mélange doit être lisse. Nappe quatre gâteaux avec une petite cuillère.

L'astuce du chef

6. Pour faire le glaçage jaune clair, ajoute deux gouttes de colorant alimentaire jaune au glaçage et mélange bien. Nappe quatre autres gâteaux avec une petite cuillère.

7. Pour obtenir un jaune plus foncé, ajoute deux gouttes supplémentaires de colorant jaune et mélange bien. Étale sur les quatre derniers gâteaux, puis décore-les tous.

Pour un glaçage lisse, plonge un couteau émoussé dans de l'eau chaude et passe-le sur le nappage. Et trempe la cuillère dans l'eau chaude : le mélange ne collera pas.

Gâteaux aux deux citrons

Ces petits gâteaux sont parfumés au sirop de citron jaune et vert, puis enrichis d'une généreuse couche de glaçage.

Ingrédients :

Pour 12 gâteaux :

90 g de farine à gâteaux (avec levure incorporée)
90 g de sucre
90 g de margarine ramollie
1 cuillerée à soupe de lait
2 œufs moyens

Pour le sirop aux deux citrons :
1 citron jaune
1 citron vert
25 g de sucre

Pour le glaçage aux deux citrons :
175 g de sucre glace
15 g de beurre

un moule à 12 alvéoles peu profondes
des caissettes en papier

L'astuce du chef

Pour réaliser cette recette en grand format, commence par faire le gâteau des pages 34-35. Puis suis les étapes 4 à 8 de ces pages pour y ajouter le sirop au citron.

1. Préchauffe le four à 190 °C, thermostat 5. Glisse une caissette en papier dans chaque creux. Puis tamise la farine au-dessus d'un grand saladier.

Utilise une cuillère en bois pour mélanger.

2. Ajoute le sucre, la margarine et le lait. Casse les œufs dans une tasse et verse-les sur les autres ingrédients. Mélange pour obtenir une mousse légère.

3. À l'aide d'une cuillère à café, répartis le mélange dans les petits moules en papier. Mets-les au four 12 mn environ. Quand les gâteaux sont dorés, sors-les du four.

Cet éplucheur à zeste permet d'obtenir de longs filaments.

4. Au bout de quelques minutes, dispose les gâteaux sur une grille. Pour faire le sirop, râpe le zeste des deux citrons avec une râpe, ou un éplucheur à zeste si tu en as un.

Réserve le reste de jus pour le glaçage.

5. Place deux tiers des zestes dans une petite assiette et recouvre de film alimentaire. Laisse de côté pour plus tard. Mets le reste dans une petite casserole.

6. Coupe les citrons en deux et presse-les. Puis verse le sucre et 3 cuillerées à soupe de ce jus dans la casserole. Chauffe à feu doux jusqu'à ce que le sucre soit dissous.

7. Retire la casserole du feu et laisse le sirop refroidir. Puis verse-le dans une petite passoire au-dessus d'un verre doseur. Jette le zeste recueilli dans la passoire.

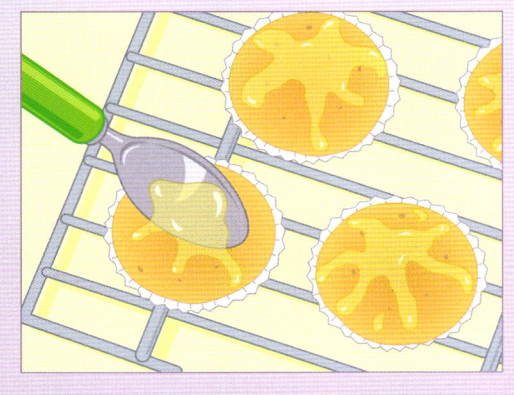

8. Verse une ou deux cuillerées à café de sirop sur chaque gâteau, jusqu'à ce qu'il n'en reste plus. Puis laisse les gâteaux refroidir complètement sur la grille.

9. Pour le glaçage, tamise le sucre glace dans un bol. Mets le beurre et trois cuillerées à soupe de jus de citron dans une petite casserole. Fais fondre le beurre à feu doux.

10. Verse le mélange fondu sur le sucre glace. Mélange bien pour obtenir un glaçage lisse et brillant. Nappe les gâteaux et décore-les avec le reste de zeste jaune et vert.

Petits mokas papillons

Ces jolis petits mokas combinent chocolat et café. Ils sont fourrés de crème au beurre à la vanille et saupoudrés de sucre glace.

Ingrédients :

Pour 12 gâteaux :

100 g de beurre ramolli
100 g de sucre roux
2 œufs moyens
1½ c. à café de café instantané
1 c. à café d'eau chaude
75 g de farine à gâteaux
 (avec levure incorporée)
25 g de cacao en poudre

Pour la crème au beurre à la vanille :
40 g de beurre ramolli
1 c. à café d'extrait de vanille
75 g de sucre glace

un moule à 12 alvéoles peu profondes
des caissettes en papier

1. Préchauffe le four à 180 °C, thermostat 4. Mets le beurre et le sucre dans un grand saladier. Mélange avec une cuillère en bois pour obtenir une mousse lisse.

2. Casse les œufs dans un petit saladier et bats-les à la fourchette. Verse le café instantané dans une tasse avec l'eau chaude. Mélange bien, puis ajoute aux œufs.

3. Verse les œufs dans le grand saladier, petit à petit, en battant bien entre chaque ajout. Tamise dessus farine et cacao, et incorpore pour obtenir un mélange bien lisse.

4. Mets une caissette en papier dans chaque creux. Répartis le mélange avec une cuillère à café. Aide-toi d'une deuxième cuillère pour faire glisser la pâte.

5. Enfourne les gâteaux et fais-les cuire 15 mn jusqu'à ce qu'ils soient fermes. Sors-les du four et laisse-les reposer 5 mn dans leur moule. Puis transfère-les sur une grille.

6. Avec un couteau pointu, coupe un cercle sur le haut de chaque gâteau. Coupe chaque cercle en deux. Suis la recette page 75 pour faire la crème au beurre à la vanille.

7. Étale un peu de crème au beurre sur chaque gâteau. Glisse les deux moitiés de cercle dans le glaçage, comme des ailes de papillon. Puis saupoudre un peu de sucre glace.

L'astuce du chef

Pour transformer les papillons en petits « chapeaux hauts-de-forme », il suffit de positionner les cercles entiers sur la crème, sans les couper en deux.

Délices à la menthe et au chocolat

Ces minuscules gâteaux au chocolat sont nappés d'un glaçage à la menthe et décorés de pépites de chocolat.

Ingrédients :

Pour 25 gâteaux environ :

40 g de sucre
40 g de margarine ramollie
40 g de farine à gâteaux
 (avec levure incorporée)
1 c. à soupe de cacao en poudre
1 œuf moyen
1 c. à soupe de pépites de
 chocolat noir et 1 c. à soupe
 de pépites de chocolat blanc

Pour le glaçage à la menthe :
175 g de sucre glace
1½ c. à soupe d'eau chaude
1 c. à café d'essence de menthe
2 gouttes de colorant alimentaire
 vert
des petites caissettes en papier

L'astuce du chef

Il faut toujours ajouter le colorant petit à petit dans un mélange. Utilise une cuillère à café pour le verser. Cela permet de doser juste la quantité voulue.

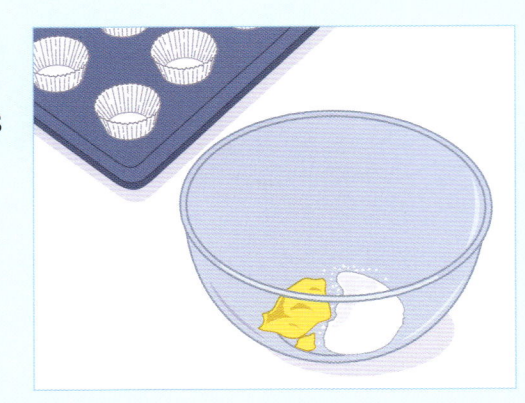

1. Préchauffe le four à 180 °C, thermostat 4. Mets 25 caissettes en papier sur une tôle à pâtisserie. Verse le sucre et la margarine dans un grand saladier.

2. Tamise la farine et le cacao par-dessus. Casse l'œuf dans une tasse et ajoute-le. Mélange bien ces ingrédients jusqu'à ce que la consistance soit lisse et crémeuse.

3. Verse la moitié du mélange dans un autre saladier. Ajoute les pépites de chocolat noir dans un des saladiers et les pépites de chocolat blanc dans l'autre, puis mélange.

4. À l'aide d'une cuillère, répartis tout le mélange dans les moules en papier. Fais cuire les gâteaux 12 mn ; ils doivent être fermes. Retire du four avec des gants.

Remplis chaque caissette à mi-hauteur.

5. Mets les gâteaux à refroidir sur une grille. Pour faire le glaçage, tamise le sucre glace dans un bol. Ajoute l'eau chaude, l'essence de menthe et le colorant vert.

6. Mélange la préparation jusqu'à ce qu'elle soit bien lisse. Puis étales-en un peu sur chaque gâteau avec une petite cuillère. Décore avec des pépites de chocolat noir et blanc.

Essaie différentes décorations au chocolat. Pour réaliser les copeaux par exemple, suis les indications de la page 73.

43

Muffins aux fruits rouges

Les fruits rouges et le citron sont les ingrédients principaux de ces muffins légers et délicieux. Les cassis, myrtilles et framboises conviennent parfaitement à cette recette.

Tu peux décorer tes muffins avec un ruban et les offrir.

Ingrédients :

Pour 12 muffins :
1 citron
250 g de farine à gâteaux
  (avec levure incorporée)
1 cuillerée à café de bicarbonate
  de soude
150 g de sucre
90 ml d'huile de tournesol
150 g de yaourt allégé
2 œufs moyens
150 g de fruits rouges frais
75 g de sucre glace

un moule à 12 muffins
des caissettes en papier

1. Mets une caissette dans chaque creux. Préchauffe le four à 190 °C, thermostat 5. Râpe le zeste du citron sur une petite assiette avec les trous moyens de la râpe.

2. Tamise la farine avec le bicarbonate de soude dans un grand saladier, puis incorpore le sucre. Creuse un trou au centre avec une cuillère.

3. Verse l'huile dans un verre doseur. Ajoute le zeste de citron et le yaourt. Puis coupe le citron en deux et presses-en une moitié. Ajoute le jus au mélange huileux.

4. Casse les œufs dans un petit bol et bats-les. Ajoute à la préparation. Avec une cuillère en métal, mélange les ingrédients jusqu'à ce que la consistance soit homogène.

5. Verse la préparation huileuse dans le creux de la farine. Mélange l'ensemble quelques secondes, puis incorpore délicatement les fruits rouges.

L'astuce du chef

Pour réussir des muffins réellement légers, il faut très peu mélanger la pâte. La préparation doit avoir un aspect grumeleux lorsque tu la répartis dans les caissettes.

6. Avec une cuillère, répartis la préparation dans les caissettes. Remplis-les quasiment à ras bord. Fais cuire 15 à 18 mn jusqu'à ce qu'ils soient dorés et fermes au toucher.

7. Laisse les muffins 5 mn dans le moule. Puis dispose-les sur une grille et saupoudre-les de sucre glace. Si tu veux faire un glaçage au citron, suis les indications de la page 53.

Muffins banane-caramel

Des morceaux de caramels mous fondent à l'intérieur de ces muffins, leur donnant une merveilleuse consistance onctueuse. Mangés encore tout chauds, quel régal !

Ingrédients :

Pour 12 muffins :

250 g de farine à gâteaux (avec levure incorporée)
1 c. à café de levure chimique
100 g de caramels mous
100 g de sucre roux
75 g de beurre
125 ml de lait
1 c. à café d'extrait de vanille
2 bananes mûres (taille moyenne)
2 œufs moyens

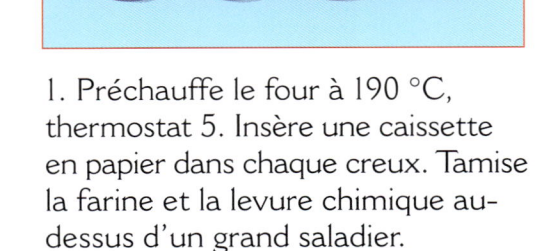

2 c. à soupe de miel liquide

un moule à 12 muffins
des caissettes en papier

1. Préchauffe le four à 190 °C, thermostat 5. Insère une caissette en papier dans chaque creux. Tamise la farine et la levure chimique au-dessus d'un grand saladier.

2. Découpe les caramels en morceaux sur une planche à découper. Ajoute-les à la farine avec le sucre et mélange. Puis creuse un trou au milieu.

3. Mets le beurre dans une casserole et fais-le fondre doucement à feu doux. Puis retire du feu et ajoute le lait et l'extrait de vanille.

4. Épluche les bananes. Écrase-les à la fourchette dans un bol jusqu'à obtenir une consistance assez lisse. Casse les œufs dans un autre bol et bats-les à la fourchette.

5. Ajoute les bananes écrasées et les œufs battus dans la casserole. Mélange bien. Verse le contenu de la casserole dans le creux du mélange farine-caramel.

Remplis chaque moule en papier quasiment à ras bord.

6. Mélange brièvement l'ensemble à l'aide d'une cuillère en bois. La consistance doit être légèrement grumeleuse. Répartis ensuite cette préparation dans les moules en papier.

7. Fais cuire les muffins 20 mn jusqu'à ce qu'ils soient fermes et gonflés. Laisse 5 mn dans le moule. Au pinceau, passe une fine couche de miel et dispose-les sur une grille.

47

Brownies au chocolat fondant

Délicieux servis tièdes, ces brownies sont croustillants à l'extérieur et bien moelleux au centre. La recette traditionnelle des brownies contient beaucoup de noix simples ou de pécan, mais tu peux les remplacer par des noisettes ou autres.

Ingrédients :

Pour 9 brownies :

100 g de pépites de chocolat noir
2 gros œufs
125 g de beurre ramolli
275 g de sucre
½ c. à café d'extrait de vanille
50 g de farine à gâteaux (avec levure incorporée)
25 g de farine
2 c. à soupe de cacao en poudre
100 g de noix simples ou de pécan

un moule à gâteau carré de 20 cm de côté et de 6,5 cm de hauteur

Coupe un peu à l'intérieur du tracé.

1. Préchauffe le four à 180 °C, thermostat 4. Pose le moule sur du papier sulfurisé et traces-en le contour au crayon. Puis découpe le carré obtenu.

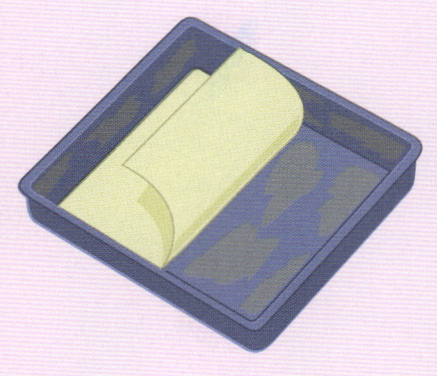

2. Graisse l'intérieur du moule puis tapisse le fond avec le carré de papier sulfurisé. Fais ensuite chauffer dans une casserole 5 cm d'eau environ.

3. Lorsque l'eau bout, retire la casserole du feu. Verse les pépites de chocolat dans un bol résistant à la chaleur et glisse doucement le bol dans la casserole.

4. Tourne les pépites de chocolat jusqu'à ce qu'elles aient fondu. Puis, avec des gants de cuisine, retire le récipient de la casserole. Casse les œufs dans un petit bol et bats-les.

L'astuce du chef

Le bol dans lequel tu fais fondre le chocolat et la cuillère doivent être bien secs. Une seule goutte d'eau peut rendre le chocolat grumeleux ou sec.

5. Mets beurre, sucre et extrait de vanille dans un grand saladier. Bats-les pour obtenir un mélange mousseux. Verse les œufs, petit à petit, et mélange entre chaque fois.

6. Tamise les deux sortes de farine et le cacao en poudre au-dessus du saladier. Ajoute le chocolat fondu et mélange le tout jusqu'à ce que la préparation soit homogène.

7. Coupe les noix en petits morceaux sur une planche. Incorpore-les au mélange. Verse la préparation dans le moule à gâteau. Lisse le dessus avec le dos d'une cuillère.

8. Fais cuire les brownies 35 mn. Ils sont prêts quand ils ont levé légèrement et qu'une croûte s'est formée sur le dessus. Mais ils seront moelleux à l'intérieur.

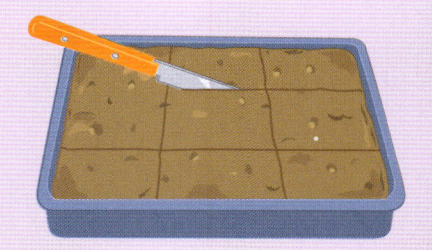

9. Laisse les brownies 20 mn dans le moule. Puis découpe-les en carrés. Pour les décorer au sucre glace avec des pochoirs, suis les indications de la page 73.

49

Gâteau aux fraises

Ce dessert est fait de couches successives de gâteau, de crème et de fraises. Superpose les ingrédients juste avant de consommer le gâteau.

Ingrédients :

Pour 8 personnes

Pour le gâteau :
225 g de farine à gâteaux
   (avec levure incorporée)
1 c. à café de levure chimique
50 g de beurre ou de margarine
25 g de sucre
1 œuf moyen
5 c. à soupe de lait
½ c. à café d'extrait de vanille
un peu de lait pour le nappage

Pour la garniture :
225 g de fraises
150 ml de crème fraîche épaisse
3 c. à soupe de yaourt
   à la grecque
du sucre glace

Utilise un tamis.

1. Préchauffe le four à 220 °C, thermostat 7. Graisse une tôle à pâtisserie avec du papier absorbant. Tamise la farine et la levure au-dessus d'un saladier.

2. Coupe le beurre en petits dés. Ajoute-les à la farine et écrase-les du bout des doigts. Continue ainsi jusqu'à ce que tu aies obtenu une consistance friable.

Décore le gâteau avec des fraises coupées en deux dans le sens de la longueur.

3. Ajoute le sucre et creuse un trou au milieu du mélange avec une cuillère. Casse l'œuf dans une tasse et bats-le à la fourchette pour mélanger le blanc et le jaune.

4. Incorpore le lait et l'extrait de vanille à l'œuf battu, puis verse dans le creux au milieu de la farine. Mélange l'ensemble avec un couteau arrondi pour obtenir une pâte souple.

5. Farine un plan de travail propre, puis forme une boule de pâte avec les mains. Aplatis légèrement la pâte et pose-la sur ton plan de travail.

Équeute les fraises avant de les couper.

Coupe le gâteau comme ceci.

6. Étale la pâte au rouleau à pâtisserie en un cercle de 20 cm de diamètre environ. Pose-la sur la tôle à pâtisserie et badigeonne-la d'un peu de lait.

7. Fais cuire le gâteau 12 à 15 mn, jusqu'à ce qu'il ait levé et soit d'un brun doré. Pendant ce temps, rince et sèche les fraises, équeute-les puis coupe-les en tranches.

8. Sors le gâteau du four et glisse-le sur une grille pour le laisser refroidir. Puis, avec un couteau à pain, coupe-le en deux dans le sens horizontal.

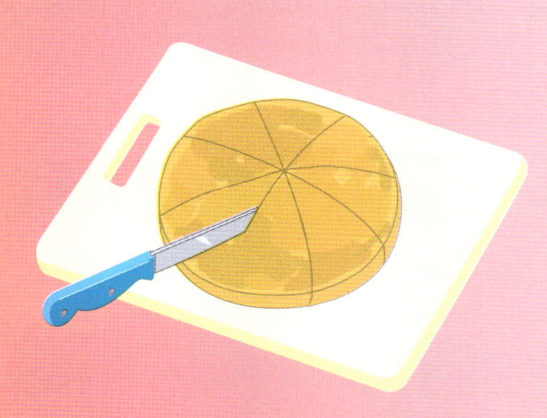

Pose le gâteau sur une assiette.

9. Ôte la moitié du haut et pose-la sur une planche à découper. Découpe-la en huit parts. Verse la crème dans un bol, bats-la un peu puis incorpore le yaourt.

10. Avec un couteau arrondi, étale la moitié du mélange crémeux sur la partie encore entière du gâteau. Dispose ensuite les fraises coupées par-dessus, comme ceci.

11. Étale le restant de crème sur les fraises, puis couvre le tout avec les huit parts de gâteau. Enfin, saupoudre de sucre glace… et déguste ton gâteau !

Gâteau au citron

Ce gâteau au citron est composé d'une succession de couches de gâteau et de crème au citron, le tout nappé d'un glaçage acidulé au citron.

Ingrédients :

Pour 10 parts :

1 citron
225 g de farine à gâteaux
  (avec levure incorporée)
1 c. à café de levure chimique
4 œufs moyens
225 g de margarine ramollie
225 g de sucre semoule

Pour la crème au citron :
2 œufs moyens
75 g de sucre
1 citron
50 g de beurre

Pour le glaçage au citron :
1 citron
125 g de sucre glace

trois moules à gâteau peu profonds de 20 cm de diamètre

1. Préchauffe le four à 180 °C, thermostat 4. Graisse trois moules et garnis-les de papier sulfurisé. Râpe le zeste d'un citron. Coupe celui-ci en deux et presse-le.

2. Tamise la farine et la levure au-dessus d'un saladier. Casse les œufs dans une tasse, puis ajoute-les à la farine, avec la margarine et le sucre. Mélange bien l'ensemble.

3. Incorpore jus et zeste de citron. Répartis la préparation dans les trois moules. Fais cuire 20 mn jusqu'à ce que les gâteaux soient fermes. Puis retourne-les sur une grille.

4. Pour la crème au citron, casse les œufs dans un bol résistant à la chaleur et bats-les à la fourchette. Ajoute le sucre. Râpe le zeste du citron et presse ce dernier.

5. Ajoute zeste et jus aux œufs, ainsi que le beurre coupé en morceaux. Puis fais chauffer 5 cm d'eau dans une casserole. Elle doit juste frémir. Glisse le bol dans l'eau chaude.

6. Fais épaissir en tournant avec une cuillère en bois. Au bout de 20 mn environ, le mélange devrait coller au dos d'une cuillère en métal. Retire la casserole du feu.

Ne t'inquiète pas si la garniture déborde un peu.

7. Étale la moitié de la crème au citron sur un des gâteaux. Pose un deuxième gâteau par-dessus et recouvre avec le reste de crème. Puis pose le dernier gâteau.

8. Râpe le zeste du dernier citron, à la râpe ou avec un éplucheur à zeste, et mets-le de côté. Pour le glaçage au citron, tamise le sucre glace au-dessus d'un bol.

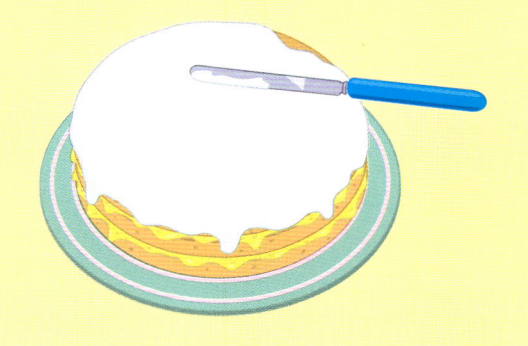

9. Presse la moitié du citron et mélange le jus avec le sucre glace jusqu'à ce que la texture soit lisse. Nappe le gâteau, puis décore-le avec le zeste.

Fondant au chocolat noir

Ce délicieux fondant au chocolat noir est très riche. Il est nappé de chocolat fondu puis garni de fruits rouges.

Ingrédients :

Pour 12 parts

Pour le gâteau :
150 g de pépites de chocolat noir
75 g de beurre ramolli
4 œufs moyens
100 g de sucre
30 g de farine à gâteaux
   (avec levure incorporée)

Pour le nappage au chocolat :
175 g de pépites de chocolat noir
150 ml de crème fraîche épaisse
1½ cuillerée à soupe de miel liquide
225 g de fruits rouges frais

un moule à gâteau rond de 20 cm de diamètre et de 7,5 cm de hauteur

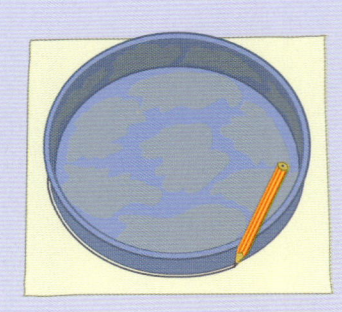

1. Préchauffe le four à 180 °C, thermostat 4. Graisse le moule avec du papier absorbant. Puis pose-le sur du papier sulfurisé et traces-en le contour.

2. Découpe le cercle et pose-le au fond du moule. Verse 5 cm d'eau dans une grande casserole et fais-la chauffer. Lorsque l'eau bout, retire la casserole du feu.

Utilise des gants pour retirer le saladier de l'eau chaude.

3. Verse pépites de chocolat et beurre dans un saladier résistant à la chaleur, et mets celui-ci dans la casserole. Mélange pour faire fondre le tout. Retire de l'eau.

4. Casse un œuf sur une assiette. Retiens le jaune avec un coquetier et incline l'assiette pour faire glisser le blanc dans un autre saladier. Verse le jaune dans une tasse.

Les blancs d'œufs doivent former des pointes fermes quand tu soulèves le fouet.

5. Sépare de même les blancs des jaunes de tous les œufs, les blancs dans le saladier et les jaunes dans la tasse. Bats les blancs à l'aide d'un fouet et monte-les en neige ferme.

6. Ajoute les jaunes et le sucre au chocolat et au beurre fondus. Mélange bien. Tamise la farine au-dessus du saladier et mélange bien. Pour finir, ajoute les blancs en neige.

7. Incorpore doucement les blancs à l'aide d'une cuillère en métal. Verse la préparation dans le moule et enfourne. Retire le moule du four au bout de 20 mn.

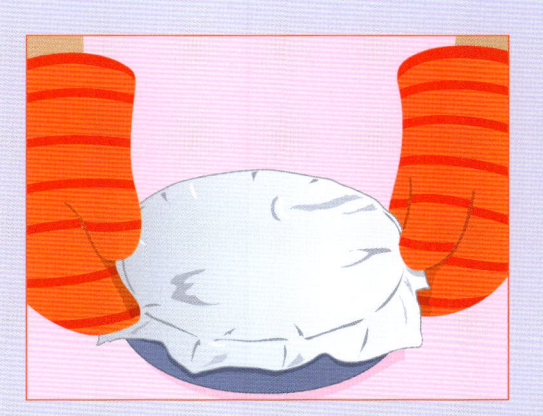

8. Couvre le gâteau avec du papier d'aluminium pour éviter que le dessus ne brûle. Remets-le au four 15 à 20 mn de plus. Lorsque le gâteau est ferme, sors-le du four.

Retire le papier sulfurisé.

9. Laisse le gâteau dans le moule 20 mn. Puis décolle-le des bords avec un couteau. Retourne-le sur une grille en métal et secoue-le doucement pour le faire glisser.

10. Pour le nappage, verse les pépites de chocolat, la crème et le miel dans une petite casserole. Fais chauffer à feu doux et tourne avec une cuillère pour les faire fondre.

11. Verse des cuillerées de nappage sur le gâteau en débordant sur les côtés. Enfin, décore avec les fruits rouges de ton choix, par exemple framboises, groseilles et myrtilles.

55

Gâteau aux carottes

Ce gâteau moelleux et léger, au parfum d'épices, est nappé d'une crème au mascarpone et au citron.

Ingrédients :

Pour 12 parts

Pour le gâteau :
2 carottes moyennes
3 œufs moyens
175 ml d'huile de tournesol
200 g de sucre
100 g de noix simples ou de pécan en morceaux
200 g de farine
1½ c. à café de levure chimique
1½ c. à café de bicarbonate de soude
1½ c. à café de cannelle en poudre
1 c. à café de gingembre en poudre
½ c. à café de sel

Pour le nappage :
50 g de sucre glace
200 g de mascarpone à température ambiante
1 c. à soupe de jus de citron
½ c. à café d'extrait de vanille
des moitiés de noix simples ou de pécan pour la décoration

un moule à gâteau de 27 x 18 cm peu profond

1. Préchauffe le four à 180 °C, thermostat 4. Graisse le moule avec un papier absorbant. Pose-le sur du papier sulfurisé et traces-en le contour au crayon.

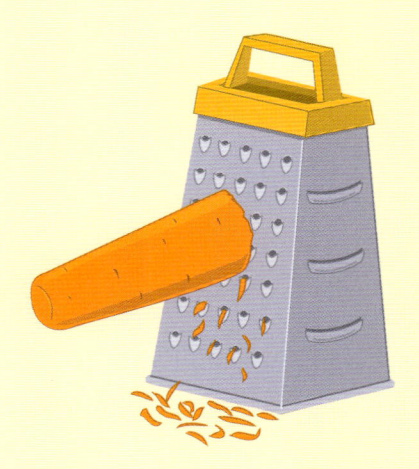

2. Découpe le papier et garnis-en le fond du moule. Lave les carottes. Coupe les bouts, puis tiens-les fermement pour les râper sur les grands trous de la râpe.

3. Casse les œufs dans un petit bol et bats-les à la fourchette. Verse l'huile de tournesol et le sucre dans un saladier et bats-les une minute avec une cuillère en bois.

4. Ajoute les œufs battus dans le saladier, petit à petit. Mélange bien entre chaque ajout. Incorpore ensuite les carottes râpées et les noix en morceaux.

5. Tamise farine, bicarbonate de soude, levure, cannelle, gingembre et sel au-dessus de la préparation. Mélange délicatement l'ensemble avec une cuillère en métal.

6. Verse la préparation dans le moule à l'aide d'une cuillère, puis lisse le dessus avec le dos de la cuillère. Fais cuire 45 mn jusqu'à ce que le gâteau ait levé et soit ferme.

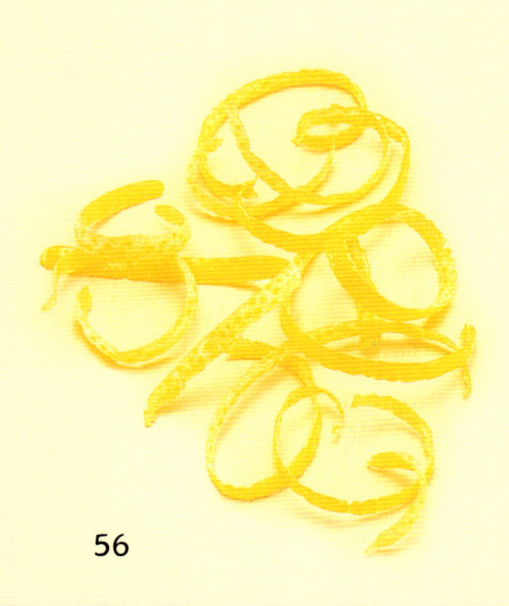

7. Laisse refroidir le gâteau 10 mn dans son moule. Décolle-le avec un couteau, puis retourne-le pour le faire glisser sur une grille en métal. Retire le papier sulfurisé.

8. Tamise le sucre glace au-dessus d'un bol. Incorpore le mascarpone, le jus de citron et la vanille. Bats bien et recouvre le gâteau de ce nappage une fois qu'il aura refroidi.

9. Étale le nappage sur le gâteau à l'aide d'un couteau arrondi, en traçant des motifs ondulés. Puis décore avec des moitiés de noix ou du zeste de citron.

Bûche au chocolat

Saupoudre la bûche de sucre glace avant de servir.

Les bûches au chocolat sont idéales pour les fêtes de Noël. Tu peux garnir celle-ci de crème et de cerises ou de crème à la framboise en suivant les instructions de la page 74.

Ingrédients :

Pour 10 parts

Pour le gâteau :
4 gros œufs
125 g de sucre
60 g d'amandes en poudre
1½ cuillerée à soupe de cacao en poudre
1¼ cuillerée à café de levure chimique

Pour la garniture :
300 ml de crème fraîche
1 bocal de cerises

une plaque à génoise de 35 x 25 cm

1. Préchauffe le four à 180 °C, thermostat 4. Graisse la plaque et garnis-la de papier sulfurisé. Casse tous les œufs en séparant, dans deux bols différents, les blancs des jaunes.

2. Ajoute le sucre aux jaunes et bats avec une fourchette jusqu'à ce que le mélange soit pâle et épais. Incorpore les amandes en poudre, le cacao et la levure chimique.

3. Bats les blancs avec un fouet pour les monter en neige. Ils sont fermes lorsque, en soulevant le fouet, ils forment des pointes rigides, comme ci-dessus.

4. Ajoute les blancs en neige à la préparation, en les incorporant délicatement avec une cuillère en métal. Quand tout est bien mélangé, verse sur la plaque.

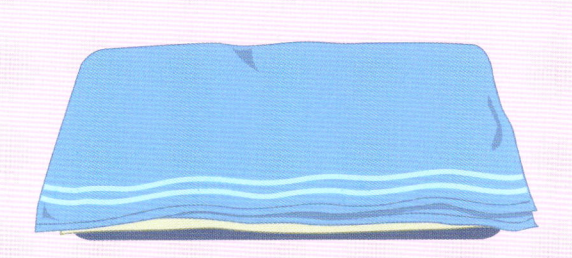

5. Mets le gâteau au four 20 à 25 mn, jusqu'à ce qu'il soit ferme et souple. Laisse-le refroidir 10 mn dans son moule. Puis couvre-le de papier sulfurisé et d'un linge.

6. Mets le moule au réfrigérateur au moins 2 heures. Pendant ce temps, verse la crème fraîche dans un bol. Bats-la au fouet pour l'épaissir un peu.

7. Sors le gâteau du réfrigérateur. Décolle-le de la plaque à l'aide d'un couteau. Dispose du papier sulfurisé sur un plan de travail et saupoudre de sucre glace.

8. Retourne le gâteau sur le papier sulfurisé sucré, et retire l'autre. Badigeonne le gâteau de crème. Égoutte les cerises dans une passoire.

9. Retire les noyaux des cerises et dispose ces dernières sur la crème. Enroule délicatement le gâteau dans le sens de la longueur. Puis pose ta bûche sur une assiette.

Aide-toi du papier sulfurisé pour rouler la bûche.

Cake aux fruits exotiques

Pour réaliser ce cake, utilise des sachets de fruits secs exotiques en morceaux, par exemple de l'ananas, de la mangue, de la papaye. Tu peux cependant faire ton propre choix, avec des abricots, des pruneaux ou autres fruits secs, si tu préfères, à condition toutefois de respecter le poids total indiqué dans la recette.

Ingrédients :

Pour 10 parts

Pour le cake :
1 grosse orange
175 g de beurre ramolli
175 g de sucre
3 œufs moyens
100 g de farine de blé complète avec levure incorporée
100 g de farine
1 cuillerée à café de levure chimique
250 g de fruits secs en morceaux

Pour le glaçage à l'orange :
75 g de sucre glace

un moule à cake d'environ 20,5 x 12,5 x 8 cm

1. Préchauffe le four à 180 °C, thermostat 4. Graisse le moule et garnis-le de papier sulfurisé. Râpe le zeste d'orange sur les trous moyens de la râpe.

2. Coupe l'orange en deux et presse-la. Verse le jus dans un verre. Mets le zeste, le beurre et le sucre dans un saladier. Bats-les jusqu'à ce qu'ils soient crémeux.

3. Casse les œufs dans un bol et bats-les à la fourchette. Ajoute-les, petit à petit, au mélange crémeux. Tamise les deux farines et la levure au-dessus du saladier.

Lisse le dessus avec le dos de la cuillère.

Utilise des gants de cuisine pour sortir le moule du four.

4. Coupe les fruits exotiques en dés. Réserves-en environ 25 g. Ajoute le reste à la préparation, avec une cuillerée à soupe de jus d'orange.

5. Incorpore délicatement tous les ingrédients avec une cuillère en métal pour obtenir une préparation homogène. Puis verse dans le moule et fais cuire 20 mn au four.

6. Sors le cake du four. Couvre-le de papier d'aluminium pour qu'il ne brûle pas et remets-le au four 50 mn de plus. Au bout de ce temps, sors-le.

Retire le papier sulfurisé.

7. Appuie sur le cake avec le doigt. S'il est ferme, laisse-le reposer 15 mn dans le moule puis démoule sur une grille. Sinon, remets-le au four jusqu'à ce qu'il soit ferme.

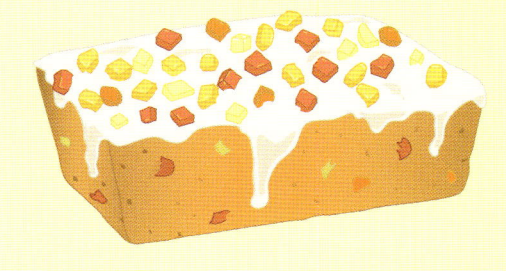

8. Tamise le sucre glace dans un bol. Ajoute une cuillerée à soupe de jus d'orange. Nappe le cake de glaçage avec un couteau arrondi. Décore avec le reste de fruits secs.

Gâteau au chocolat et à l'orange

Le chocolat et l'orange se marient très bien. Ce gâteau est croustillant à l'extérieur, grâce à la farine de blé complète, et léger au centre, grâce au yaourt.

Ingrédients :

Pour 8 personnes

1 orange moyenne
175 g de margarine ramollie
175 g de sucre
3 œufs moyens
2 c. à soupe de cacao en poudre
2 c. à soupe d'eau chaude
1 c. à café de levure chimique
200 g de farine de blé complète
   avec levure incorporée
5 c. à soupe de yaourt nature

Pour le nappage :
100 g de pépites de chocolat
   au lait
175 g de pépites de chocolat noir
150 ml de crème fraîche épaisse
   (ou aigre si tu trouves)

un moule à gâteau de 20 cm de
   diamètre et de 7,5 cm de hauteur

Décore le gâteau avec des copeaux de chocolat (voir les instructions page 73).

1. Préchauffe le four à 170 °C, thermostat 3. Graisse l'intérieur du moule avec de l'huile ou du beurre fondu. Pose sur du papier sulfurisé et trace son contour.

2. Découpe ce cercle et garnis-en le fond du moule. Râpe le zeste de l'orange sur les trous moyens de la râpe. Coupe l'orange en deux et presse-la.

Mélange avec une cuillère en bois.

3. Mets la margarine dans un saladier. Bats-la jusqu'à ce qu'elle soit lisse et onctueuse. Ajoute sucre et zeste d'orange. Mélange bien pour avoir une mousse légère.

4. Casse les œufs dans un petit bol et bats-les à la fourchette. Puis verse-les dans le saladier, petit à petit. Bats la préparation à chaque fois que tu rajoutes de l'œuf.

5. Verse le cacao en poudre dans un bol. Ajoutes-y l'eau chaude pour obtenir une pâte lisse. Puis verse celle-ci dans le saladier et mélange bien.

Lisse le dessus de la préparation avec le dos d'une cuillère.

6. Tamise la levure et la moitié de la farine au-dessus du saladier. Ajoute ensuite la moitié du yaourt. Incorpore délicatement tous les ingrédients.

7. Tamise le restant de farine au-dessus du saladier et verse aussi le résidu du tamis. Incorpore l'autre moitié du yaourt, puis le jus d'orange.

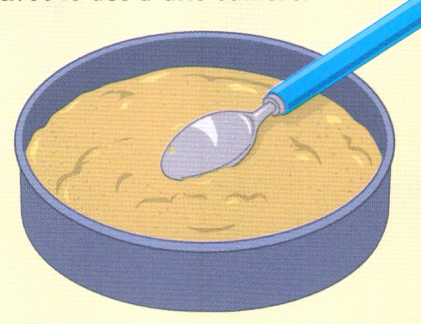

8. Verse la préparation dans le moule. Fais cuire une heure puis sors le moule du four. Vérifie la cuisson. Si le gâteau est ferme, laisse-le refroidir dans le moule.

Retire le papier sulfurisé.

9. S'il n'est pas ferme, remets-le au four jusqu'à ce qu'il le soit. Décolle le gâteau du moule avec un couteau. Puis retourne-le et démoule-le sur une grille.

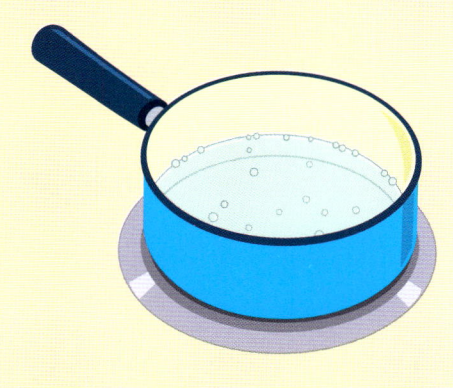

10. Pour le nappage, porte à ébullition 5 cm d'eau dans une casserole. Retire la casserole du feu. Verse les pépites de chocolat dans un bol résistant à la chaleur.

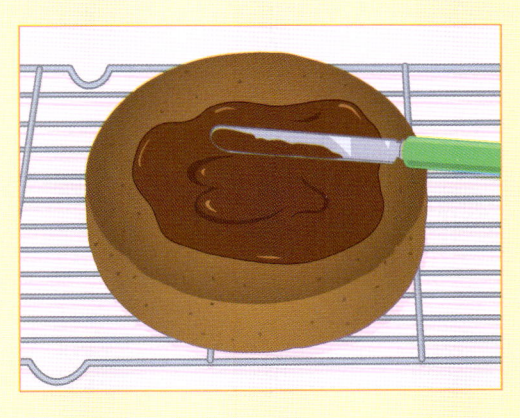

11. Pose le bol dans la casserole. Tourne le chocolat jusqu'à ce qu'il ait fondu. Retire le bol de l'eau. Incorpore la crème avec un fouet. Laisse refroidir et nappe le gâteau.

Gâteau framboises-amandes

Ce gâteau est fourré de framboises fraîches et de confiture. La poudre d'amandes, qui remplace la farine et le beurre, le rend très léger.

Ingrédients :

Pour 10 parts

Pour le gâteau :
4 œufs moyens
165 g de sucre
225 g d'amandes en poudre
1 cuillerée à café de levure chimique

Pour la garniture :
150 g de confiture de framboises épépinées
150 g de framboises fraîches

Pour le glaçage :
200 g de sucre glace
2 cuillerées à soupe d'eau chaude
une poignée de framboises pour la décoration

un moule de 20 cm de diamètre et de 7,5 cm de profondeur

L'astuce du chef

Il est difficile de couper un gâteau en deux dans le sens horizontal. Si tu préfères, tu peux le servir avec la garniture dessus plutôt qu'au milieu.

1. Préchauffe le four à 170 °C, thermostat 3. Graisse le moule et garnis-le de papier sulfurisé. Casse un œuf sur une petite assiette et couvre le jaune d'un coquetier.

2. Retiens le jaune avec le coquetier et verse le blanc dans un saladier. Procède de même avec tous les œufs, pour mettre blancs et jaunes dans deux récipients différents.

3. Ajoute le sucre aux jaunes et bats à la fourchette jusqu'à ce que le mélange prenne une couleur pâle. Monte les blancs en neige bien ferme avec un fouet.

4. Lorsque tu soulèves le fouet, les blancs doivent former des pointes. Avec une cuillère en métal, incorpore délicatement les blancs en neige au mélange jaunes-sucre.

Lisse le dessus avec le dos d'une cuillère.

Retire le papier sulfurisé.

5. Ajoute les amandes en poudre et la levure chimique. Mélange le tout avec soin. Puis verse cette préparation dans le moule et fais-la cuire au four 35 à 40 mn.

6. Laisse le gâteau 20 mn dans le moule, puis décolle-le à l'aide d'un couteau, retourne-le sur une grille et secoue-le délicatement afin de le démouler.

7. Pour couper le gâteau dans le sens horizontal, maintiens-le en place avec la main, comme ceci. Puis coupe-le délicatement avec un couteau à pain.

8. Verse la confiture dans un bol et bats-la. Ajoute les framboises. Puis tartine la moitié inférieure du gâteau avec la préparation et couvre avec l'autre moitié.

9. Tamise le sucre glace dans un bol. Incorpore l'eau pour obtenir une pâte lisse. Nappe le gâteau à l'aide d'un couteau arrondi. Décore de framboises fraîches.

65

Croustillant aux cerises

Sous le dessus friable apparaît une fine couche de confiture. Toutes sortes de confitures conviennent, mais les couleurs vives donnent un résultat plus original.

Ingrédients :

Pour 12 parts

Pour la garniture du dessus :
75 g de farine
25 g de flocons d'avoines
25 g de graines de tournesol
75 g de sucre roux
50 g de beurre

Pour le gâteau :
200 g de farine à gâteaux
   (avec levure incorporée)
1 c. à café de cannelle
½ c. à café de levure chimique
1 pincée de sel
125 g de sucre
40 g de beurre
2 gros œufs
200 ml de crème fraîche épaisse
   (ou aigre si tu trouves)
375 g de confiture de cerises

un moule de 27 x 18 cm et de
   4 cm au moins de profondeur

1. Préchauffe le four à 180 °C, thermostat 4. Graisse le moule et garnis-le de papier sulfurisé. Tamise la farine dans un saladier. Incorpore flocons d'avoine, graines et sucre.

2. Fais fondre le beurre dans une casserole, puis retire celle-ci du feu. Verse doucement le beurre fondu sur les autres ingrédients dans le saladier.

3. Mélange bien l'ensemble avec une fourchette. Ta garniture est prête. Place ensuite le saladier au réfrigérateur pendant que tu prépares le gâteau.

4. Tamise farine, cannelle, levure et sel dans un autre saladier. Incorpore le sucre. Fais chauffer le beurre dans une casserole. Dès qu'il aura fondu, verse-le dans un récipient.

5. Casse les œufs dans un bol et bats-les à la fourchette. Puis ajoute-les, avec la crème fraîche, au beurre fondu un peu refroidi. Mélange le tout.

6. Verse la préparation à base de beurre sur la farine. Bats le tout avec une cuillère en bois jusqu'à obtenir un mélange bien lisse. Puis verse dans le moule.

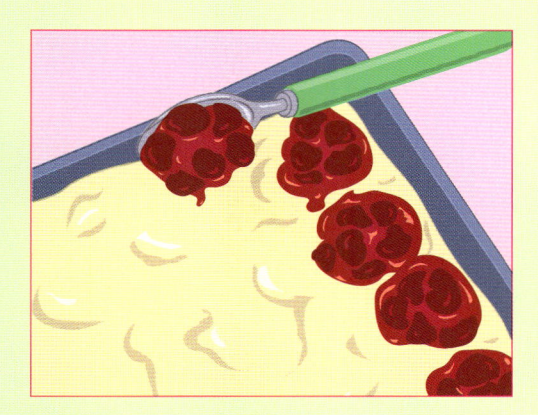

7. Comble les angles du moule à l'aide d'une cuillère. Verse la confiture dans un bol et bats à la fourchette. Puis disposes-en des petites cuillerées sur le gâteau.

La confiture doit pénétrer dans le gâteau.

8. Une fois la confiture répartie sur tout le gâteau, fais-la pénétrer dans la pâte en tournant avec un couteau. À la cuisson, cela donnera un joli motif marbré.

9. Sors la garniture du réfrigérateur. Émiette-la uniformément sur le dessus du gâteau. Fais-le cuire 40 mn au four puis laisse refroidir dans le moule avant de servir.

Gâteau au citron et à la ricotta

Ce gâteau citronné contient de la ricotta, fromage frais italien au lait de brebis. Pour réussir ce nappage marbré, saupoudre le gâteau encore chaud de pépites de chocolat blanc et noir pour qu'elles fondent. Il te suffira ensuite de les barbouiller ensemble.

Ingrédients :

Pour 9 parts :

2 citrons
3 œufs
50 g de beurre ramolli
300 g de sucre
250 g de ricotta
175 g de farine à gâteaux
  (avec levure incorporée)
50 g de pépites de chocolat blanc
25 g de pépites de chocolat noir

un moule carré de 20 cm de côté
  et d'au moins 6,5 cm de hauteur

1. Graisse le moule et tapisse-le de papier sulfurisé. Préchauffe le four à 180 °C, thermostat 4. Râpe le zeste des citrons sur les petits trous d'une râpe.

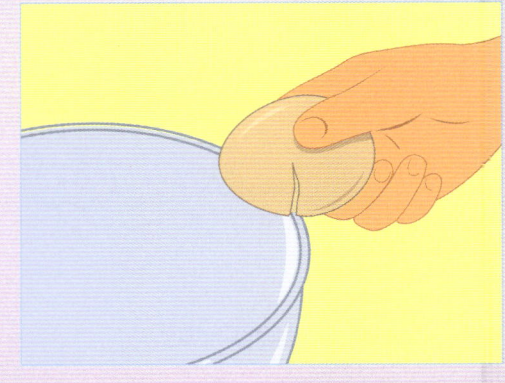

2. Sépare les blancs des jaunes. Casse délicatement la coquille sur le bord d'un bol et verse l'œuf sur une assiette. Pose un coquetier sur le jaune.

Réserve les jaunes dans une tasse.

3. Retiens le jaune avec le coquetier, puis verse le blanc dans un saladier. Procède de la même façon avec les autres œufs, en regroupant tous les blancs dans le même récipient.

4. Avec un fouet, bats les blancs en neige jusqu'à ce qu'ils soient bien fermes. Lorsque tu soulèves le fouet, les blancs doivent former des pointes rigides.

5. Mets le beurre, le sucre, les jaunes d'œuf et le zeste de citron dans un saladier. Bats le tout à la fourchette. Ajoute la ricotta, cuillerée par cuillerée, en battant à chaque fois.

6. Tamise la farine au-dessus de la préparation. Incorpore délicatement avec une cuillère en métal. Incorpore également les blancs en neige. Puis verse la préparation dans le moule.

7. Lisse le dessus de la préparation avec le dos d'une cuillère. Puis fais cuire le gâteau au four 45 à 50 mn, jusqu'à ce qu'il soit ferme au toucher.

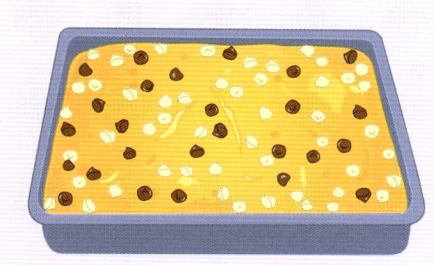

8. Éparpille les pépites de chocolat blanc sur le gâteau encore chaud. Fais de même avec les pépites au chocolat noir. Laisse-les fondre environ 5 minutes.

9. Mélange les deux chocolats avec une cuillère à café pour obtenir un motif marbré. Laisse refroidir. Décolle le gâteau du moule avec la lame d'un couteau, puis coupe des carrés.

Cheesecake aux myrtilles

La consistance riche et onctueuse de ce cheesecake s'accorde parfaitement avec les myrtilles et autres fruits rouges juteux. Il faut le servir bien frais.

Ingrédients :

Pour 10 parts :

175 g de biscuits (genre sablés)
75 g de beurre
1 cuillerée à soupe de cassonade
1 citron
350 g de fromage blanc au lait entier
100 g de sucre
3 œufs moyens
1 cuillerée à soupe de maïzena
150 ml de crème fraîche liquide
150 g de myrtilles fraîches

Pour le nappage :
4 cuillerées à soupe de confiture de myrtilles ou de framboises
150 g de fruits rouges frais
de la menthe fraîche

un moule à cheesecake (à fond amovible) de 20 cm de diamètre et de 6,5 cm de profondeur

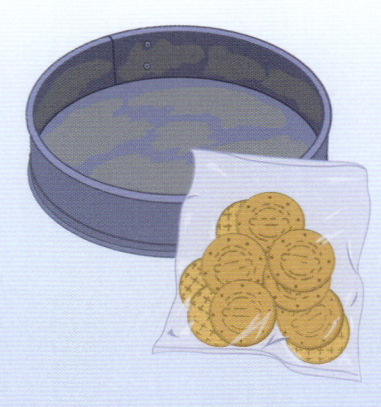

1. Préchauffe le four à 150 °C, thermostat 2. Graisse l'intérieur du moule avec du papier absorbant. Mets ensuite les biscuits dans un sachet en plastique propre.

2. Glisse le sachet de biscuits dans un deuxième sac plastique et ferme-le avec un élastique. Réduis les biscuits en miettes à l'aide d'un rouleau à pâtisserie.

3. Mets le beurre et la cassonade dans une casserole. Fais chauffer à feu doux pour faire fondre le beurre. Retire la casserole du feu et ajoute les biscuits émiettés.

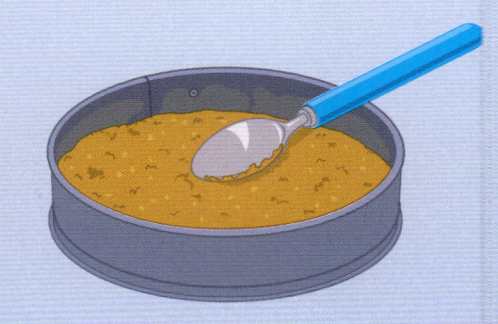

4. Verse le mélange dans le moule, étale-le bien et appuie dessus avec le dos d'une cuillère pour obtenir un fond bien compact. Fais cuire le gâteau 15 mn au four.

L'astuce du chef

Utilise toujours du fromage blanc au lait entier, car les allégés caillent à la cuisson. Tu peux remplacer les myrtilles par des framboises.

5. Râpe le zeste de citron sur les trous moyens d'une râpe. Puis coupe le citron en deux et presse-le avec un presse-agrumes pour en extraire le jus.

6. Mets le fromage blanc, le sucre, le zeste et le jus de citron dans un saladier. Mélange-les bien. Pour séparer le blanc du jaune, casse un œuf dans une assiette.

7. Retiens le jaune avec un coquetier et verse le blanc dans un autre saladier en inclinant l'assiette. Sépare de même tous les blancs et les jaunes.

8. Incorpore les jaunes d'œufs à la préparation de fromage blanc, puis maïzena et crème fraîche. Mélange pour obtenir une consistance lisse. Ajoute les myrtilles.

9. Monte les blancs en neige avec un fouet jusqu'à ce qu'ils soient bien fermes. Lorsque tu soulèves le fouet, les blancs doivent former des pointes.

10. Incorpore délicatement les blancs en neige à la préparation avec une cuillère en métal. Verse sur la base en biscuit. Fais cuire 50 mn, puis éteins le four.

11. Laisse le cheesecake au four pendant une heure. Puis sors-le du moule et laisse-le refroidir. Pendant ce temps, prépare le nappage à la confiture.

12. Fais fondre la confiture dans une casserole, sur le feu, avec deux cuillerées à café d'eau. Verse sur le gâteau, puis dispose des fruits rouges frais par-dessus.

Idées de décoration

Il existe une multitude d'idées pour décorer gâteaux et biscuits : glaçage de différents motifs et couleurs, bonbons, saupoudrages variés, fleurs en sucre ou encore copeaux de chocolat. On peut aussi réaliser des motifs au sucre glace avec des pochoirs.

Glaçage pour poche à douille

175 g de sucre glace
1½ c. à soupe d'eau chaude
du colorant alimentaire

Pour appliquer le glaçage :
poche à douille ou deux petits sacs plastique

Un point de glaçage permet de fixer des bonbons sur un gâteau.

Étale le glaçage à l'aide d'un couteau arrondi.

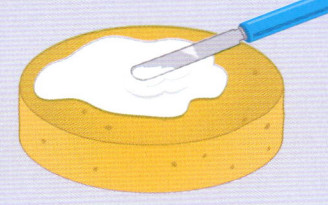

1. Tamise le sucre glace dans un saladier. Ajoute l'eau pour former une pâte lisse. Étale la moitié du glaçage sur le gâteau.

2. Ajoute deux gouttes de colorant dans le glaçage et mélange bien. Si tu n'as pas de poche à douille, glisse un sac plastique dans un autre.

Attention aux fuites !

3. Verse le glaçage bleu dans la poche à douille. Si tu utilises des sacs, tiens-les au-dessus du saladier et coupe un petit coin.

4. Passe la poche ou le sac sur le gâteau en appuyant doucement pour dessiner des motifs, tout en veillant à ne pas faire de bavures.

Paillettes de sucre maison

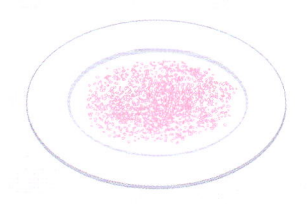

1. Dans un bol, mélange une cuillerée à soupe de sucre à une goutte de colorant alimentaire. Fais sécher sur une assiette.

2. Saupoudre ce sucre coloré sur un gâteau nappé de glaçage ou au-dessus d'un pochoir (voir ci-dessous).

Motifs au pochoir

1. Plie en deux une feuille de papier plus grande que ton gâteau. Dessine la moitié d'une forme contre la pliure, puis découpe.

2. Déplie le papier et pose-le sur le gâteau. Tamise du cacao sur un glaçage clair ou du sucre glace s'il est foncé. Retire le papier.

Copeaux de chocolat

1. Pour faire des copeaux, utilise une tablette de chocolat à pâtisserie. Râpe les côtés en te servant d'un économe.

2. Continue à faire des petits copeaux. Si tu veux en obtenir de plus grands, râpe le dessous de la tablette.

Laisse sécher le glaçage avant de réaliser un motif au pochoir.

Les copeaux sont plus faciles à réaliser avec du chocolat à température ambiante, et non pas trop froid.

Crèmes et garnitures

Voici quelques idées de crèmes et garnitures pour des desserts comme le gâteau fourré à la confiture ou d'autres recettes proposées dans ce livre.

Crème fouettée

Mets le saladier au rérigérateur au moins 1 heure avant.

1. Verse 200 ml de crème fraîche liquide dans le saladier froid. Tiens-le et bats la crème très vite avec un fouet.

2. Bats la crème jusqu'à ce que des pointes se forment quand tu soulèves le fouet. Mais arrête avant qu'elle soit trop ferme.

Crème à la vanille

Ajoute ½ c. à café d'extrait de vanille à la crème et tamise une c. à soupe de sucre glace par-dessus avant de fouetter le tout.

Crème à la framboise

Écrase 150 g de framboises fraîches à la fourchette. Incorpore-les à la crème chantilly avec 1½ cuillerée à soupe de sucre.

Crème au citron vert

1 citron vert
250 g de mascarpone
25 g de sucre glace

Le zeste d'orange ou de citron jaune convient autant que le zeste de citron vert.

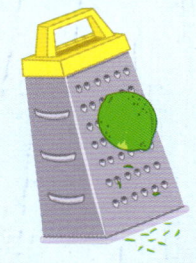

1. Râpe le citron sur les petits trous d'une râpe. Puis verse le zeste dans un saladier avec le mascarpone.

2. Tamise le sucre glace par-dessus. Mélange pour obtenir un mascarpone onctueux et parsemé de filaments verts.

Tu peux garnir une bûche au chocolat de crème à la framboise.

Crème au beurre

Les quantités pour cette recette sont prévues pour fourrer le gâteau de la page 34. Pour napper aussi le dessus, il faut les doubler.

100 g de beurre ramolli
225 g de sucre glace
1 cuillerée à soupe de lait
½ cuillerée à café d'extrait de vanille

1. Mets le beurre dans un saladier et bats-le avec une cuillère en bois jusqu'à ce qu'il soit lisse et crémeux.

2. Tamise environ un tiers du sucre glace sur le beurre et incorpore. Puis tamise le reste du sucre sur la préparation.

3. Ajoute lait et extrait de vanille. Puis bats tous les ingrédients jusqu'à ce que la crème au beurre soit pâle et mousseuse.

Pour une crème au chocolat, remplace le lait par une cuillerée à soupe de cacao mélangée à une d'eau chaude.

Si tu veux une crème au café, remplace le lait par deux cuillerées à café de nescafé mélangées à une cuillerée à soupe d'eau.

Si tu la veux à l'orange, remplace vanille et lait par le zeste d'une orange ainsi que deux cuillerées à café de son jus.

Tu peux garnir des macarons de crème au beurre au chocolat ou à l'orange.

La pâte brisée sucrée

Voici sur ces deux pages la recette de la pâte brisée sucrée qui sert de base à plusieurs tartes de ce livre, ainsi que les indications pour faire cuire la pâte à blanc avant de la garnir. Tu auras plus de chances de réussir la pâte si tu la travailles avec les mains froides. Quand elle est terminée, essaie de ne pas trop la manipuler.

Cuisson à blanc

Il s'agit d'enfourner la pâte sans sa garniture, afin qu'elle cuise de façon régulière. Avant de la mettre au four, couvre-la de papier d'aluminium et de billes de cuisson ou de haricots secs si tu n'as pas de billes. Cela évite la formation de bulles au milieu de la pâte.

Si tu utilises des haricots secs, range-les ensuite dans un bocal hermétique afin de t'en resservir plusieurs fois.

Ingrédients :

Quantités pour un moule à tarte de 20 cm :

- 175 g de farine
- 25 g de sucre glace
- 100 g de beurre froid
- 1 œuf moyen
- 2 cuillerées à café d'eau froide

billes de cuisson ou haricots secs

1. Tamise la farine et le sucre glace au-dessus d'un saladier. Découpe le beurre en dés puis incorpore-le.

2. Avec le bout des doigts, écrase le beurre dans la farine pour obtenir une pâte friable, qui ressemble à de la chapelure épaisse.

On n'utilise pas le blanc pour cette recette.

3. Casse l'œuf dans une soucoupe. Retiens le jaune avec un coquetier et verse le blanc dans un bol en inclinant la soucoupe.

4. Glisse le jaune dans un petit bol, ajoute l'eau froide et mélange à la fourchette. Puis verse ceci dans le saladier.

5. Mélange l'ensemble jusqu'à ce que tous les ingrédients soient bien amalgamés, pour obtenir une pâte ferme.

6. Mets un peu de farine sur un plan de travail propre. Puis pose la pâte dessus et forme une boule lisse.

Farine la pâte et le rouleau à pâtisserie pour éviter qu'ils ne collent.

7. Enveloppe la pâte dans du film alimentaire et laisse-la au réfrigérateur 30 mn. Elle sera ensuite plus facile à étaler.

Les billes de cuisson s'achètent au rayon cuisine des supermarchés.

Étaler la pâte

Tourne la pâte d'un quart de tour.

1. Pose la pâte sur une surface farinée. Farine le rouleau à pâtisserie. Roule-le sur la pâte, puis tourne-la légèrement.

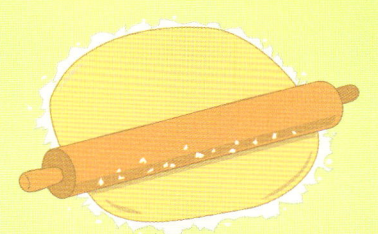

2. Repasse le rouleau sur la pâte puis tourne-la. Continue ainsi jusqu'à obtenir un cercle un peu plus grand que le moule.

Attention à ne pas percer la pâte.

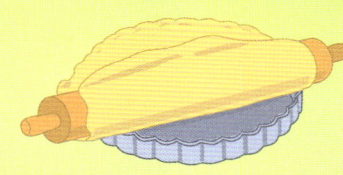

3. Enroule la pâte sur le rouleau et soulève-la. Pose-la sur le moule et déroule-la. Appuie-la délicatement contre le bord du moule.

Coupe ce qui dépasse avec le rouleau à pâtisserie.

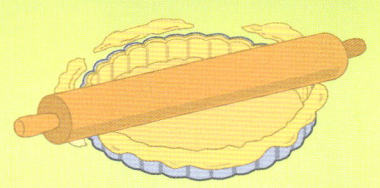

4. Passe le rouleau à pâtisserie sur le moule. Puis couvre la pâte de film alimentaire et laisse-la 20 mn au frais.

Cuisson à blanc

Les trous empêchent la pâte de lever.

1. Pose une plaque à pâtisserie dans le four. Préchauffe-le à 200 °C, thermostat 6. Pique le fond avec une fourchette.

Attention de ne pas écraser la pâte.

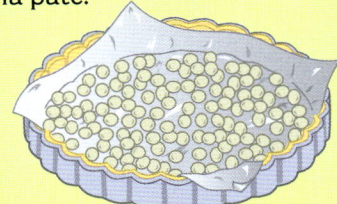

2. Coupe un grand carré de papier d'aluminium et applique-le sur le fond de tarte. Puis couvre-le de billes de cuisson.

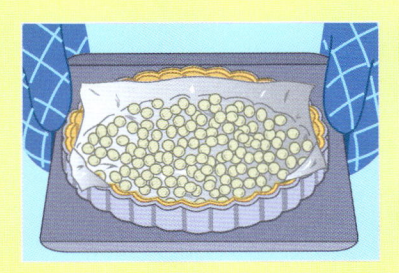

3. Sors la plaque chaude du four avec des gants et glisse le moule dessus. Enfourne la pâte et fais cuire 8 mn.

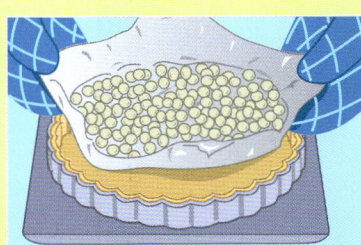

4. Retire billes et papier d'aluminium. Enfourne de nouveau la pâte et fais-la cuire encore 5 mn jusqu'à ce qu'elle soit dorée.

Tarte aux poires à la frangipane

La frangipane est faite de poudre d'amandes, de sucre, de beurre, d'œuf et de farine. À la cuisson, elle gonfle autour des fruits en une pâte moelleuse.

Ingrédients :

Pour 8 parts

Pour la pâte :
175 g de farine
25 g de sucre glace
100 g de beurre froid
1 œuf moyen
2 c. à café d'eau froide

Pour la frangipane :
50 g de beurre ramolli
50 g de sucre
50 g de poudre d'amandes
1 œuf moyen
15 g de farine à gâteaux (avec levure incorporée)
3 petites poires mûres

Pour le nappage :
2 c. à soupe de confiture d'abricots
1 c. à soupe de jus de citron

billes de cuisson ou haricots secs

un moule à tarte de 20 cm de diamètre et de 3,5 cm de hauteur

L'astuce du chef

Il est possible de remplacer les poires fraîches par des poires au sirop. Dispose-les sur la frangipane. Tu peux choisir d'autres fruits que les poires si tu le souhaites.

Fais attention en ôtant le papier d'aluminium chaud de la pâte.

1. Tu dois d'abord faire la pâte en suivant les instructions de la page 76. Insère-la ensuite dans le moule et fais-la cuire à blanc. Sors-la du four avec précaution.

3. Verse le beurre et le sucre dans un grand saladier et bats-les bien jusqu'à obtenir une mousse claire légère. Incorpore une cuillerée à soupe de poudre d'amandes.

5. Incorpore le restant de poudre d'amandes à la préparation. Tamise la farine au-dessus du saladier. Mélange délicatement l'ensemble jusqu'à ce qu'il soit homogène.

En chauffant, la plaque contribue à la cuisson du fond de tarte.

2. Remets la plaque à pâtisserie chaude dans le four. Baisse la température à 170 °C, thermostat
3. Prépare la garniture pour la tarte comme suit.

4. Casse l'œuf dans un bol et bats-le à la fourchette. Ajoute l'œuf battu dans le saladier, petit à petit, en battant à chaque ajout. Il doit être bien incorporé.

6. Pose une poire sur une planche à découper. Coupe-la en deux dans le sens de la longueur, de la queue à la base. Avec une petite cuillère, retire le trognon des deux côtés.

Coupe dans le sens de la longueur.

Dispose les poires comme ceci.

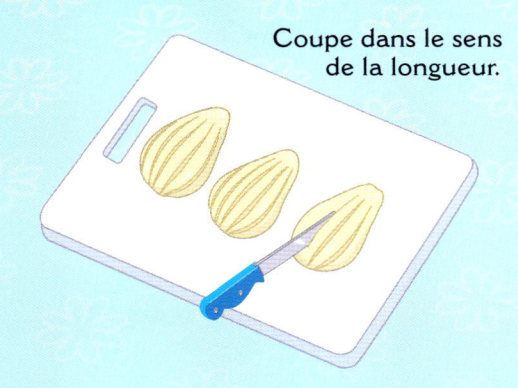

7. Épluche les fruits, puis pose les demi-poires sur la planche à découper, la face coupée vers le bas. Fais cinq entailles sur les trois quarts de la longueur, côté bombé.

8. Verse la frangipane sur le fond de tarte en l'étalant avec le dos d'une cuillère. Dispose les poires par-dessus, côté plat vers le bas et la pointe au centre.

9. Fais cuire au four 30 à 35 mn, jusqu'à ce que la pâte et la garniture soient dorées. Sors la tarte du four avec précaution et laisse-la refroidir sur une grille.

10. Pour faire le nappage, mélange confiture d'abricots et jus de citron dans un bol. Puis badigeonnes-en la tarte encore chaude au pinceau à pâtisserie.

Tartelettes aux fraises

Ces tartelettes sont garnies d'une délicieuse crème au citron et décorées de fraises fraîches. Tu peux remplacer ces dernières par d'autres fruits : des framboises, des kiwis ou des raisins par exemple.

Ingrédients :

Pour 12 tartes

Pour la pâte :
175 g de farine
25 g de sucre glace
100 g de beurre froid
1 œuf moyen
2 cuillerées à café d'eau froide

Pour la garniture :
300 g de petites fraises
3 cuillerées à soupe de crème au citron (voir pages 52-53)
100 ml de crème liquide

Pour le nappage :
4 cuillerées à soupe de gelée de groseilles

un emporte-pièce de 7,5 cm de diamètre
un moule à 12 tartelettes

L'astuce du chef

Une fois que les fonds de tarte sont cuits, badigeonne-les de gelée de groseilles fondue avant de les garnir. Cela évite que la pâte ne ramollisse.

Retire le film alimentaire.

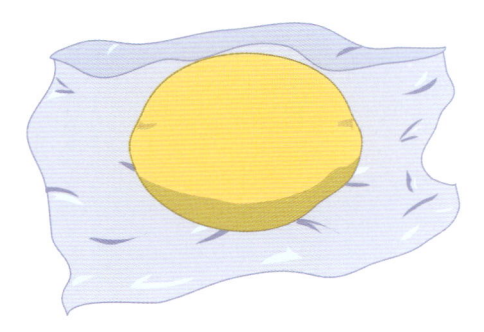

1. Suis les instructions de la page 76 pour préparer la pâte. Sors-la du réfrigérateur et laisse-la reposer 10 mn. Préchauffe le four à 200 °C, thermostat 6.

3. Avec l'emporte-pièce, découpe des cercles dans la pâte. Forme une boule avec les restes et étale-la pour faire d'autres cercles. Insère un cercle de pâte dans chaque creux du moule.

5. Mets les fraises dans une passoire et rince-les à l'eau froide. Fais-les sécher sur du papier absorbant. Retire délicatement les queues avec un couteau pointu.

Pose les fraises sur la planche à découper pour ôter la queue.

Farine le rouleau à pâtisserie.

2. Pose la pâte sur une surface farinée. Passe le rouleau une fois sur la pâte, puis tourne-la. Étale la pâte sur un diamètre de 30 cm et une épaisseur de 3 mm.

4. Pique les petits fonds de tarte à la fourchette. Fais cuire 10 à 12 mn jusqu'à ce qu'ils soient bien dorés. Sors-les du four et laisse-les refroidir dans leur moule.

6. Verse la crème au citron dans un bol et incorpore une cuillerée à soupe de crème fraîche. Avec un fouet, bats le reste de crème fraîche dans un autre bol pour l'épaissir un peu.

Utilise une cuillère à café pour répartir la garniture.

7. Incorpore le mélange citronné à la crème fouettée. Retire les fonds de tarte du moule et pose-les sur une grille. Verse deux cuillerées à café de crème dans chacun.

Dispose les fraises côté coupé vers le bas.

8. Place une fraise entière au centre de chaque tartelette. Puis coupe les autres fruits en deux et dispose-les, côté coupé vers le bas, autour de la première.

Laisse refroidir le nappage avant d'en badigeonner les tartes.

9. Fais chauffer la gelée de groseilles dans une casserole, à feu doux, avec deux cuillerées à café d'eau, jusqu'à ce qu'elle fonde. Badigeonnes-en les tartes au pinceau.

Tarte chocolat-framboises

Cette tarte au chocolat associe avec bonheur une pâte parfumée à l'orange, une garniture de mousse au chocolat et des framboises fraîches. Décorée avec des zestes d'orange, du sucre glace et de la menthe fraîche, elle fera beaucoup d'effet.

Ingrédients :

Pour 8 parts

Pour la pâte :
1 orange moyenne
175 g de farine
25 g de sucre glace
100 g de beurre
1 œuf

Pour la garniture :
175 g de pépites de chocolat noir
2 œufs moyens
175 g de crème fraîche
75 g de sucre roux
1 cuillerée à soupe de jus d'orange

Pour décorer :
175 g de framboises fraîches
du zeste d'orange
1 cuillerée à soupe de sucre glace
de la menthe fraîche

billes de cuisson ou haricots secs

un moule à tarte de 20 cm de diamètre et de 3,5 cm de profondeur

L'astuce du chef

Sors la tarte du four lorsque la garniture est tout juste prise et légèrement molle au centre. Elle deviendra ferme en refroidissant.

1. Râpe le zeste de l'orange sur les petits trous d'une râpe. Coupe l'orange en deux et presse-la. Mélange le zeste et deux cuillerées à café du jus dans un bol.

Le reste du jus d'orange servira pour la garniture.

2. Suis les indications 1 à 3 de la page 76 pour préparer la pâte. Puis, à l'étape 4, au lieu d'ajouter de l'eau au jaune d'œuf, utilise le zeste et le jus de l'orange.

Laisse le fond de tarte refroidir sur une grille.

3. Termine la pâte conformément aux étapes 5 à 7 de la page 76. Pour insérer le fond de tarte dans le moule et le cuire à blanc, suis les indications de la page 77.

4. Sors la pâte cuite du four et remets la plaque à pâtisserie chaude vide dans le four. Réduis alors la température à 160 °C, thermostat 3.

5. Pour préparer la garniture, verse les pépites de chocolat dans un bol résistant à la chaleur. Porte à ébullition 5 cm d'eau dans une casserole, puis retire du feu.

6. Mets des gants de cuisine et glisse le bol dans la casserole. Tourne le chocolat jusqu'à ce qu'il ait fondu. Puis sors le bol de l'eau. Laisse le chocolat refroidir 10 mn.

7. Casse les œufs dans un saladier et bats-les à la fourchette. Ajoute la crème fraîche, le sucre et une cuillerée à soupe de jus d'orange. Mélange avec une cuillère en bois.

8. Verse le chocolat fondu dans le saladier, petit à petit, en mélangeant bien à chaque fois. Verse ensuite la préparation dans le fond de tarte.

9. Fais cuire la tarte 30 mn jusqu'à ce que le chocolat ait pris. Sors du four. Laisse-la refroidir et décore de framboises, de zeste d'orange, de sucre glace tamisé et de menthe.

Paniers croquants aux pommes

Ces paniers croquants garnis de pommes et de raisins secs, ou de canneberges, sont parfumés à la cannelle et à l'orange.

Ingrédients :

Pour 12 paniers :

100 g de pâte filo
1 orange moyenne
4 pommes
50 g de gros raisins secs ou de canneberges séchées
50 g de sucre
½ cuillerée à café de cannelle
50 g de beurre
2 cuillerées à café de sucre glace
un moule à 12 muffins

1. Préchauffe le four à 190 °C, thermostat 5. Sors la pâte filo du réfrigérateur, mais laisse-la dans son emballage. Râpe l'orange sur les petits trous de la râpe.

2. Coupe l'orange en deux et presse-la. Coupe les pommes en quartiers. Épluche-les et retire le trognon, puis coupe les quartiers en petits morceaux.

Mets le couvercle quand tu ne remues pas le contenu.

3. Fais chauffer les pommes, le zeste et trois cuillerées à soupe de jus d'orange 20 mn à feu doux. Tourne souvent. Incorpore raisins ou canneberges, sucre et cannelle.

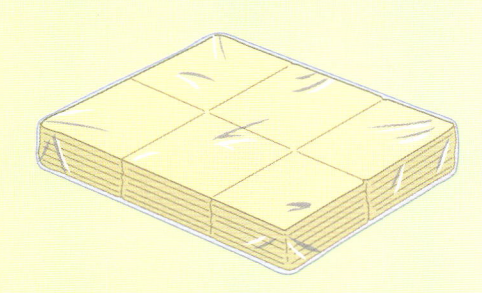

4. Fais cuire 5 minutes de plus et retire la casserole du feu. Sors la pâte filo de son emballage et coupe chaque feuille en six carrés. Couvre de film alimentaire.

5. Fais fondre le beurre à feu doux dans une petite casserole. Avec un pinceau, badigeonne un carré de pâte filo d'un peu de beurre fondu.

Insère les carrés de filo avec précaution dans l'alvéole du moule.

6. Mets le carré dans une alvéole, côté beurré en haut. Beurre un autre carré et pose-le sur le premier en le décalant un peu. Beurre un troisième carré et ajoute-le sur les autres.

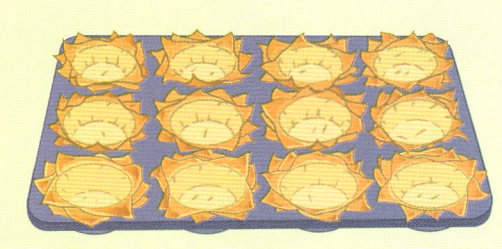

7. Procède de la même façon pour toutes les alvéoles du moule. Fais cuire les fonds de « panier » 10 mn four. Laisse-les refroidir 5 mn, puis démoule-les.

8. Réchauffe la préparation aux pommes jusqu'à ce qu'elle se mette à bouillonner. Remplis les fonds presque jusqu'au bord et tamise un peu de sucre glace par-dessus.

Tartelettes aux prunes

Garnis ces petites pâtes feuilletées légères de morceaux de prunes enrobés de sucre et de cannelle.

Ingrédients :

Pour 14 tartelettes :

375 g de pâte feuilletée en rouleau, toute prête
300 g de prunes rouges
1 grosse tranche de pain de mie blanc
50 g de beurre
50 g de sucre roux
½ cuillerée à café de cannelle en poudre
4 cuillerées à soupe de confiture d'abricot

un emporte-pièce de 6,5 cm de diamètre

1. Préchauffe le four à 220 °C, thermostat 7. Sors la pâte du réfrigérateur et laisse-la reposer 15 à 20 mn. Coupe les prunes en deux avec précaution.

2. Retire les noyaux. Puis pose les fruits sur la planche à découper, côté coupé vers le bas et coupe-les en petits morceaux. Mets-les dans un saladier.

L'astuce du chef

À l'étape suivante, tu vas faire de la chapelure. Tu peux la faire au robot de cuisine ou bien avec les gros trous d'une râpe. Le pain rassis s'y prête mieux.

3. Réduis la tranche de pain de mie en chapelure. Fais fondre le beurre à feu doux dans une poêle. Verse la moitié du beurre fondu dans un petit bol.

4. Augmente légèrement le feu et ajoute la chapelure dans la poêle. Fais-la revenir 5 mn, en tournant souvent, jusqu'à ce qu'elle soit brune et craquante.

5. Retire la poêle du feu. Une fois la chapelure refroidie, ajoute-la aux prunes avec le sucre et la cannelle. Mélange soigneusement le tout à la main.

6. Déroule la pâte et coupe 14 cercles avec l'emporte-pièce. Dispose-les sur la plaque à pâtisserie, bien espacés. Puis pique deux fois les dents d'une fourchette au centre de chacun.

7. Badigeonne le bord des cercles, sur 1 cm environ, avec le reste de beurre fondu du bol. Dépose une demi-cuillerée à café de confiture au centre de chaque cercle.

8. Pose quelques morceaux de prune sur la confiture. Fais cuire 12 à 15 mn. Une fois la pâte dorée et gonflée, sors les tartelettes du four. Mets-les à refroidir sur une grille.

Profiteroles au chocolat

Ces petits choux légers sont fourrés de crème à la vanille et enrichis d'un délicieux nappage au chocolat fondant.

Ingrédients :

Pour 15 choux

Pour la pâte à choux :
65 g de farine
2 œufs moyens
50 g de beurre
150 ml d'eau

Pour la crème à la vanille :
200 ml de crème fraîche liquide
½ c. à café d'extrait de vanille
1 c. à soupe de sucre glace
différents parfums de crème, voir la page 74

Pour le nappage au chocolat :
100 g de pépites de chocolat noir
25 g de beurre ramolli
2 c. à soupe d'eau

Retire bien toute l'eau.

1. Préchauffe le four à 220 °C, thermostat 7. Enduis deux tôles à pâtisserie de beurre avec du papier absorbant. Puis passe-les quelques secondes sous l'eau froide.

2. Tamise la farine au-dessus d'une feuille de papier sulfurisé et mets de côté. Casse ensuite les œufs dans un bol et bats-les à la fourchette.

3. Coupe le beurre en petits morceaux dans une casserole. Fais-les chauffer doucement à feu doux avec l'eau. Dès que le mélange commence à bouillir, retire du feu.

4. Verse d'un coup toute la farine dans la casserole. Mélange bien pendant 1 minute environ jusqu'à ce que les ingrédients forment une boule. Laisse refroidir 5 mn.

5. Incorpore un peu d'œuf battu, puis ajoute le reste d'œuf petit à petit, jusqu'à ce qu'il n'en reste plus. Mets des cuillerées à café de pâte sur les tôles en les espaçant.

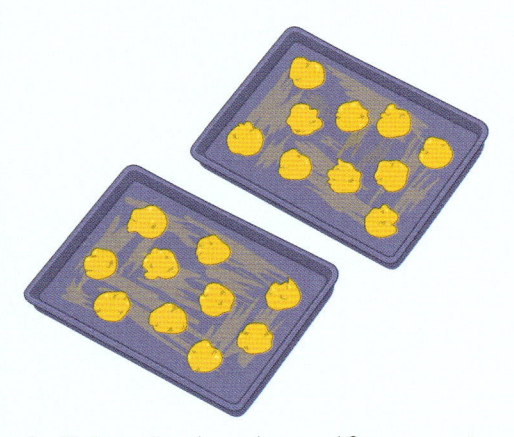

6. Fais cuire les choux 10 mn, puis baisse la température du four à 190 °C, thermostat 5. Laisse-les encore 25 mn, jusqu'à ce qu'ils aient gonflé et doré.

7. Retire les tôles du four et transfère les choux sur une grille à l'aide d'une spatule. Puis perce-les sur le côté avec un couteau pointu pour évacuer la vapeur.

8. Prépare la crème à la vanille pendant que les choux refroidissent (voir la recette page 74). Quand ils sont complètement froids, coupe-les en deux.

9. Remplis les choux de crème à la vanille. Pour le nappage, verse 5 cm d'eau dans une casserole. Porte-la à ébullition, puis retire la casserole du feu.

10. Verse les pépites avec le beurre et deux cuillerées à soupe d'eau dans un bol résistant à la chaleur. Pose-le dans la casserole. Mélange jusqu'à ce que ce soit onctueux.

11. Retire le bol de l'eau chaude. Nappe chaque chou de chocolat à l'aide d'une petite cuillère. Laisse-les sur la grille le temps que le nappage prenne.

Scones aux fruits

Avec leur garniture de confiture et de crème fouettée, ces scones aux fruits sont délicieux. Ils sont tout aussi appétissants fourrés de crème au citron (voir la recette pages 52-53).

Ingrédients :

Pour 9 scones :

200 g de farine à gâteaux
 (avec levure incorporée)
50 g de sucre
50 g de margarine
¼ de cuillerée à café de sel
100 g de raisins secs
1 œuf moyen
75 ml de lait

de la confiture de fraises et de la crème fouettée pour garnir
un emporte-pièce rond de 6 ou 7 cm de diamètre

1. Préchauffe le four à 220 °C, thermostat 7. Graisse une plaque à pâtisserie. Tamise la farine au-dessus d'un saladier. Ajoute le sucre, la margarine et le sel.

L'astuce du chef

À l'étape suivante, tu vas ajouter les raisins secs. Tu pourrais les remplacer par la même quantité de cerises confites ou de dates coupées en morceaux, ou les supprimer.

2. Écrase la margarine dans la farine et le sucre avec le bout des doigts jusqu'à ce que la préparation soit friable. Puis incorpore les raisins secs avec une cuillère en bois.

3. Casse l'œuf dans un bol et bats-le bien à la fourchette. Puis incorpore le lait. Réserve une cuillerée à soupe de ce mélange dans une tasse pour plus tard.

4. Verse la préparation à l'œuf, petit à petit, dans le saladier. Mélange bien à chaque fois que tu ajoutes de l'œuf, de manière à obtenir une pâte molle.

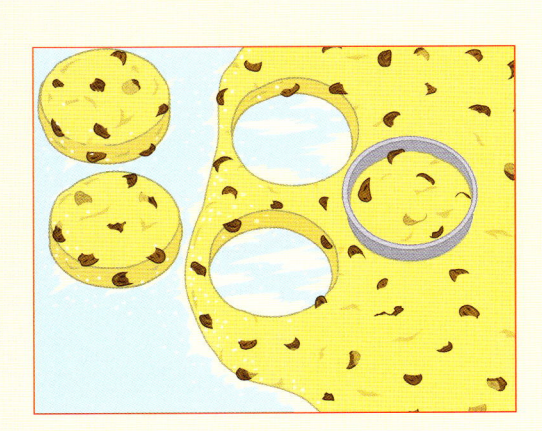

Espace bien chaque scone.

5. Farine un plan de travail et pose la pâte dessus. Étale-la au rouleau, sans trop appuyer, sur une épaisseur de 1½ cm environ. Puis coupe des cercles à l'emporte-pièce.

6. Forme une boule avec les restes de pâte et étale. Découpe d'autres cercles, puis dispose-les tous sur la plaque. Badigeonne le dessus avec la préparation à l'œuf de la tasse.

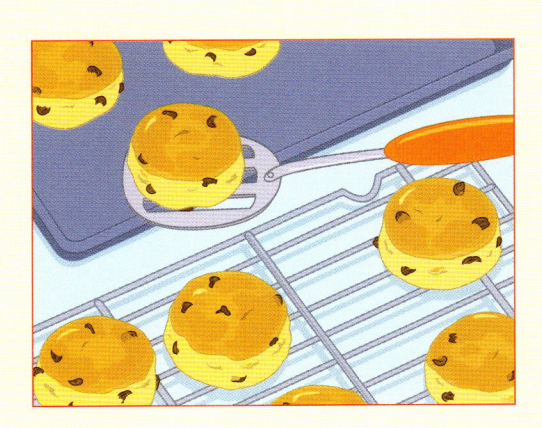

7. Fais cuire les scones 10 mn jusqu'à ce qu'ils soient dorés. Sors-les du four avec précaution. Mets-les à refroidir sur une grille à l'aide d'une spatule.

Petits pains à la cannelle

Ces délicieux petits pains sont parfumés à la cannelle et agrémentés de raisins secs. Le pain est préparé avec de la farine de boulanger et de la levure. Celle-ci fait monter la pâte et donne un pain léger. Pour que la pâte lève, il faut la laisser reposer à température ambiante pendant plus d'une heure. Cette recette demande donc du temps.

Ingrédients :

Pour 16 pains :

450 g de farine à pain blanche
2 cuillerées à café de sucre
1½ cuillerée à café de sel
2 cuillerées à café de cannelle
1½ cuillerée à café de levure de boulanger
75 g de raisins secs
275 ml de lait
25 g de beurre
1 œuf

1. Tamise la farine dans un saladier. Incorpore le sucre, le sel, la cannelle, la levure et les raisins secs. Creuse un trou au milieu.

Le mélange doit être tiède et non chaud.

2. Verse le lait et le beurre dans une casserole et fais chauffer à feu très doux jusqu'à ce que le beurre ait fondu. Retire du feu.

3. Verse la préparation à base de lait dans le creux de la farine. Mélange bien jusqu'à ce que la pâte n'adhère plus au saladier.

Farine le plan de travail.

4. Pour pétrir la pâte, appuie dessus avec les deux poings et repousse-la énergiquement vers l'extérieur.

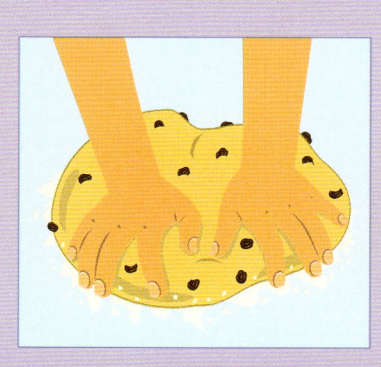

5. Plie la pâte en deux et retourne-la. Repousse-la vers l'extérieur encore une fois. Puis répète ces opérations.

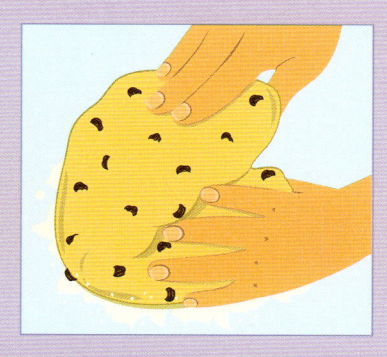

6. Continue à repousser, plier et retourner la pâte pendant 10 mn environ, jusqu'à ce qu'elle soit bien souple et lisse.

7. Huile l'intérieur d'un saladier avec du papier absorbant. Mets-y la pâte puis couvre-la de film alimentaire.

8. Laisse à température ambiante pendant 45 mn environ, le temps que la pâte lève et gonfle de deux fois son volume original.

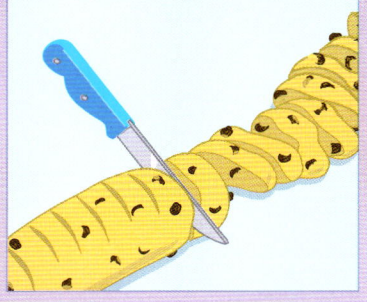

9. Pétris de nouveau la pâte, pendant 1 mn, pour la débarrasser des bulles d'air. Puis découpe-la en seize morceaux égaux.

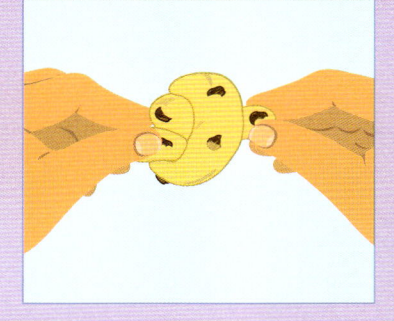

10. Forme un boudin de 20 cm de long environ avec chaque morceau de pâte, que tu attaches ensuite en un nœud.

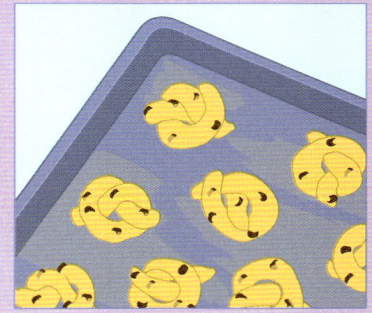

11. Huile une plaque à pâtisserie et dispose les « nœuds » de pain dessus. Préchauffe le four à 220 °C, thermostat 7.

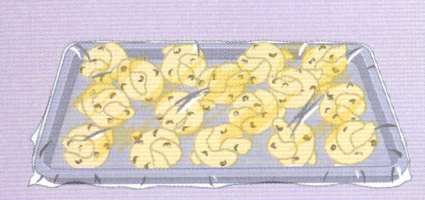

L'astuce du chef

12. Couvre les pains de film alimentaire huilé. Laisse-les 20 mn de plus à température ambiante pour qu'ils lèvent encore.

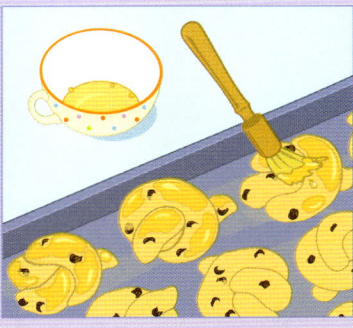

13. Bats l'œuf dans un bol. Puis retire le film alimentaire des petits pains et badigeonne-les d'œuf battu.

14. Fais cuire 10 à 12 mn. Laisse les petits pains sur la plaque quelques minutes, puis mets-les à refroidir sur une grille.

Les petits pains vont dorer.

Pour savoir si les petits pains sont cuits, retournes-en un délicatement et tapote-le avec le doigt. Il doit sonner creux.

Techniques de pâtissier

Il existe de nombreuses techniques pour faciliter la pâtisserie, mais lorsqu'on commence, cela semble toujours difficile. Sur ces pages sont présentés quelques conseils et astuces qui pourront t'aider.

Casser un œuf

1. Casse la coquille sur le bord d'une tasse ou d'un bol. Glisse le bout des pouces dans la cassure et écarte les coquilles.

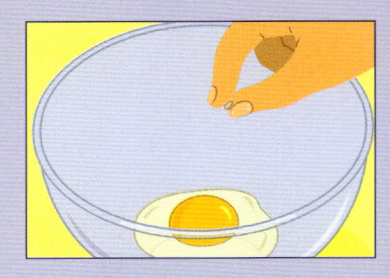

2. Verse l'œuf dans le bol. Retire d'éventuels bouts de coquille avant d'ajouter l'œuf à une préparation.

Séparer blanc et jaune

Casse l'œuf sur une assiette. Couvre le jaune avec un coquetier, tiens-le et verse le blanc dans un bol en inclinant l'assiette.

Battre les œufs

Casse-les dans un bol et bats-les à la fourchette d'un mouvement rapide pour bien mélanger le blanc et le jaune.

Monter les blancs en neige

Pose le saladier sur un torchon humide pour qu'il ne glisse pas.

1. Verse les blancs d'œufs totalement débarrassés du jaune dans un saladier propre et sec. Tiens bien celui-ci d'une main.

2. De l'autre main, bats vite les blancs au fouet. Ils vont blanchir et devenir mousseux. Si tu en as un, utilise un fouet électrique.

3. Continue à battre les blancs jusqu'à ce qu'ils forment des pointes bien fermes quand tu soulèves le fouet.

Tamiser

On tamise les ingrédients, telle la farine, pour éviter les grumeaux. Verse dans un tamis sur un saladier et secoue le tamis.

Battre une préparation

Mélange-la vivement avec une cuillère en bois. Continue jusqu'à obtenir une consistance lisse et dépourvue de grumeaux.

Incorporer

Pour incorporer plusieurs ingrédients, « coupe-les » avec une cuillère en métal et tourne-les jusqu'à ce qu'ils soient bien mélangés.

Mélanger avec les doigts

1. Coupe le beurre en morceaux, roule-les dans la farine avec une cuillère en bois et mélange le tout avec le bout des doigts.

2. Soulève le mélange et laisse-le retomber en pluie dans le saladier. Continue jusqu'à ce que la préparation soit friable.

Les pépites de chocolat fondent rapidement, mais tu peux aussi utiliser des carrés.

Étaler la pâte

Farine le rouleau à pâtisserie.

1. Pose la pâte sur un plan de travail propre et fariné. Appuie sur la pâte avec le rouleau à pâtisserie et pousse vers l'extérieur.

2. Fais légèrement pivoter la pâte puis repasse ton rouleau dessus. Continue de cette façon jusqu'à obtenir l'épaisseur voulue.

Faire fondre le chocolat

Tourne avec une cuillère en bois.

1. Verse le chocolat dans un bol résistant à la chaleur. Puis porte à ébullition 5 cm d'eau dans une casserole.

2. Ôte la casserole du feu. Avec des gants de cuisine, glisse le bol dans l'eau chaude. Tourne le chocolat pour qu'il fonde plus vite.

Vérifier la cuisson

Le temps de cuisson écoulé, vérifie que le gâteau est cuit. Appuie au milieu. S'il est ferme mais souple, c'est bon.

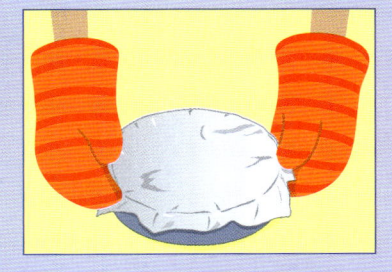

Il est parfois nécessaire de couvrir le gâteau de papier d'aluminium pour qu'il ne brûle pas. Puis on le remet au four pour finir la cuisson.

Démouler un gâteau

1. Décolle le gâteau du bord du moule avec un couteau. Puis pose une assiette légèrement plus grande par-dessus.

2. Retourne le moule et l'assiette en même temps, pour que le gâteau tombe sur l'assiette. Puis retire doucement le moule.

Index

banane et caramel mou, muffins 46-47
battre,
  œufs, 94
  une préparation, 94
billes de cuisson, 76, 77
biscuits
  à la confiture, 16-17
  à la crème au citron vert, 12-13
  nappés de citron, 26-27
  viennois, 14-15
brownies au chocolat fondant, 48-49

cacahuètes, cookies aux, 22-23
cake aux fruits exotiques, 60-61
cannelle, petits pains à la, 92-93
carottes, gâteau aux, 56-57
cerises,
  cookies aux, 10-11
  croustillant aux, 66-67
cheesecake aux myrtilles, 70-71
chocolat,
  brownies, 48-49
  bûche, 58-59
  choux, 88-89
  cœurs pâte d'amandes et, 24-25
  cookies aux cerises et au, 10-11
  copeaux, 73
  délices menthe et pépites de, 42-43
  florentins, 28-29
  fondant au chocolat noir, 54-55
  fondre, 48, 95
  ganache, 14, 15
  gâteau orange et, 62-63
  nappage marbré, 68, 69
  profiteroles, 88-89
  tarte framboises et, 82-83
citron,
  biscuits nappés de, 26-27
  biscuits spirales au, 18-19
  crème au, 52, 53, 80
  gâteau au, 52-53
  gâteau ricotta et, 68-69
  gâteaux aux deux citrons, 38-39

muffins fruits rouges et, 44-45
citron vert,
  crème au mascarpone, 12, 13, 74
  gâteaux aux deux citrons, 38-39
colorants alimentaires, 37, 42
confiture
  biscuits à la, 16-17
  gâteau fourré à la, 34-35, 38
conservation, 5
crème
  au beurre, 20, 21, 75
  citron vert et mascarpone, 12, 13, 74
  fouettée, 74
  framboise, 74
  vanille, 74, 88
cuisson
  à blanc, 76, 77
  vérifier la, 95

démouler un gâteau, 95

étaler la pâte, 76, 77, 95

flapjacks à la pomme, 30-31
fleurs aux épices, 6-7
florentins au chocolat, 28-29
fouetter,
  blancs d'œufs, 33, 94
  crème, 74
fours, 5
fraises,
  gâteau aux, 50-51
  tartelettes, 80-81
framboises,
  gâteau amandes et, 64-65
  tarte chocolat et, 82-83
frangipane, 78-79

ganache, 14, 15
gâteaux, découpe horizontale, 64, 65
glaçage, 37, 72
  avec poche à douille, 72

incorporer, 94

macarons à la crème, 20-21
mélanger avec les doigts, 8, 94
menthe, et pépites de, délices, 42-43
meringues spiralées, 32-33
mesurer, doser, 4, 6, 33
mokas papillons, 40-41
motifs au pochoir, 73
moules et plaques, 5
muffins,
  banane-caramel, 46-47
  citron et fruits rouges, 44-45
myrtilles, cheesecake, 70-71

œufs,
  ajouter à une préparation, 34
  casser, 94
  monter les blancs en neige, 33, 94
  séparer blanc et jaune, 94
orange, gâteau chocolat et, 62-63

paillettes de sucre, 73
pâte
  brisée sucrée, 76-77
  cuisson à blanc, 76, 77
  étaler, 76, 77, 95
  feuilletée, 86, 87
  filo, 85
  insérer dans le moule, 77
  parfumée à l'orange, 82, 83
petits gâteaux, 36-37
petits pains à la cannelle, 92-93
poires et frangipane, tarte, 78-79
pommes,
  flapjacks, 30-31
  paniers croquants, 84-85
profiteroles, 88-89
prunes, tartelettes, 86-87

ricotta, gâteau citron et, 68-69

sablés écossais, 8-9
scones aux fruits, 90-91

tamiser la farine, 94

Rédaction : Jane Chisholm   Directrice artistique : Mary Cartwright   Images numériques : Nick Wakeford et John Russell
Nos remerciements à Non Figg, Jo Thompson, Katrina Fearn, Abigail Wheatley, Brian Voakes et Erica Harrison.

© 2006 Usborne Publishing Ltd, 83-85 Saffron Hill, Londres ECIN 8RT. Grande-Bretagne © 2008 Usborne Publishing Ltd pour le texte français. Le nom Usborne et les marques sont des marques déposées d'Usborne Publishing Ltd. Tous droits réservés. Aucune partie de cet ouvrage ne peut être reproduite, stockée en mémoire d'ordinateur ou transmise sous quelque forme ou moyen que ce soit, électronique, mécanique, photocopieur, enregistreur ou autre sans l'accord préalable de l'éditeur. Imprimé aux Émirats arabes unis.